在商言商／郭令明

「郭令明的故事值得一讀。我以內閣部長和朋友身份跟他接觸的這些年，我發現他為人深思熟慮，實事求是，富有創造力。他不喜歡張揚或浮華的生活，總是未雨綢繆。他畢生的事業就是在繼承父親事業的基礎上，將城市發展打造為一家卓越的國際企業。」
——新加坡前內閣部長楊榮文

「我認識令明35年了，像他一樣經歷過酒店業大起大落的人沒幾個。他以毅力、本能和恆心，打造了今天的城市發展，這讓我欽佩。這是一個了不起的人所取得的超凡成就，我很榮幸能是他的朋友。」
——希爾頓集團前首席執行長、英國酒店業協會前會長
大衛‧米歇爾斯爵士（Sir David Michels）

「這本書講述了新加坡頂尖商人郭令明的有趣故事。他周遊世界，創建了一個龐大的酒店帝國，開發多個房地產專案和許多其他業務。他的慧眼與堅持，讓濱海灣金沙的設計得以實現。故事講述的是權力、財富和堅定的毅力，象徵著新加坡作為一個國家的成長和成功。」
——濱海灣金沙和星耀樟宜建築師摩西‧薩夫迪（Moshe Safdie）

「郭令明是一位獨特的企業家，對酒店和房地產充滿熱情。他的酒店遍布世界各地，打響了新加坡在國際上的名聲。沒有幾個亞洲商界領袖像他一樣能創下長達60年的驕人業績。《在商言商》展現了這位交易高手成功的秘訣。」
—— 新加坡經濟發展局前主席楊烈國

「我們認識20年，我發現郭主席是一位聰明、務實、誠實的人，對朋友也很忠誠。我欽佩也尊敬他，不僅因為他是一位專業的商人，也因為他是我的朋友。他是一個言而有信的人，我非常敬重他。這本讓人期待已久的書，展現了他敏銳的商業嗅覺，也是對他作為亞洲最具影響力商界領袖人物之一的認可。」
—— 歐洲工商管理學院（INSEAD）藍海戰略研究所特聘教授兼聯合所長，被評為全球最具影響力的管理思想家金偉燦（W. Chan Kim）

「我有幸在豐隆集團、城市發展和千禧國敦酒店集團成立初期就認識郭令明主席。我很欽佩他是如何將這些企業打造為享譽新加坡和國際的酒店和房地產公司。他是世界上偉大的商業領袖之一。在不同國家管理不同業務是一件複雜的事，很少有人具備這樣的技能，但他顯然具備了。憑藉敏銳的商業洞察力，以及在全球房地產、酒店和金融領域取得的成績，郭主席獲得無數獎項。他是國際上一個非凡的成功例子，因此這是一本引人入勝的讀物。」
—— 滙豐控股前主席龐約翰爵士（Sir John Bond）

目錄

8
前言：郭令明
前言：黃志達

14
譯者感言：郭書真

16
里程碑

32
第一部分　年少時期的郭令明
35　　第一章：第一桶金
41　　第二章：爸，別說教

56
第二部分　在職培訓
59　　第三章：全力以赴
71　　第四章：一分錢
77　　第五章：統一天下的酒店業王者
85　　第六章：因父之名

目錄 /

98

第三部分 帝國酒店
- 101　第七章：從王國到帝國
- 111　第八章：紐約、紐約
- 119　第九章：廣場酒店
- 127　第十章：當川普遇上郭令明
- 139　第十一章：插旗全球版圖

154

第四部分 業界翹楚
- 157　第十二章：屹立不倒
- 163　第十三章：千禧大亨
- 171　第十四章：原爆之地

182

第五部分 南部大戰略
- 185　第十五章：熱切等待啟航
- 191　第十六章：濱海灣金沙－
　　　　　被遺忘的功臣
- 201　第十七章：經濟大衰退

216

第六部分 積極尋求解決方案
- 219　第十八章：協信遠創
- 229　第十九章：Hwaiting！來吧！
- 237　第二十章：傳承

262
作者鳴謝

264
附錄：新加坡《聯合早報》財經拼盤
人物專訪：郭令明

前言

《在商言商》是個淺白的書名,卻恰如其分地概括了我從商和處事的精神。

在我的記憶裡,我的生命中大部分的時間都在學習和做生意。這是我的激情,我的強項,我的目標。為何如此?我自己也不清楚。也許在我成長過程中,晚餐談話的主要內容都跟生意有關。或許是為了向已故父親和家人證明我的價值,也或許是個人抱負和企業責任的重壓,促使我追求建立一家成功的企業。無論原因為何,「照常營業(business as usual)」是我的座右銘。

也正是這個原因,我從來沒時間停下來考慮寫一本傳記。多年來我的朋友和同事一直抗議,但我總是有另一筆生意要做、有一個機會要把握、要去出差、或者有一家成長中的公司要管理。

然而,2020年席捲全球的2019新冠大流行讓世界陷入停頓,豐隆集團和許多其他企業一樣受到影響,必須經受這場風暴。翌年我80歲,大家再次催促我撰寫回憶錄。經過反思後我妥協了。我想,現在應該是時候了,此時不寫,更待何時?

豐隆集團由我已故父親郭芳楓於1941年創立,是新加坡歷史的重要組成部分。作為新加坡的先驅之一,我父親幫助塑造和發展了新加坡的主要產業,如房地產、建築、酒店和金融。當時沒有指南可參考,也沒有公式可循,只有堅持不懈的創業精神。

1963年我剛從大學畢業就加入集團。這幾十年來,我從父親的身上,還有與我一起合作過的個別人士身上,學到了許多重要的經商和生活原則。我在1990年被任命為集團主席時,我依據自身的經

前言

驗引導方向，通過閱讀更多的書籍來磨練技能，經過深思熟慮後承擔風險，憑藉直覺做出了一些艱難的選擇。在取得成績時我歡呼雀躍，在面對逆境時也坦然面對，堅持不懈克服挑戰。

今天，當我眺望新加坡的城市風景線時，我驚歎於它的演變，以及我們集團在新加坡故事中所扮演的角色。我在本書中分享在經商過程中影響及塑造我商業思維和理念的經驗，包括奮鬥與成就。我希望這本書能激勵那些有志在商界大展拳腳的人們。

每一代人都將面對自己的挑戰，開闢各自的道路。我希望我的故事能夠引起共鳴，激勵並連接不同世代、文化和地域的人們。

《在商言商》講述的不是董事會議、試算表格和可行性研究，而是關於迎接挑戰、勇於創新，以及建立不朽傳奇的雄心壯志。

衷心感謝

對我來說，真正的挑戰是與本書作者白勝暉一同坐下，為本書進行數小時的訪問。他連同納高（The Nutgraf）的敬業團隊一起完成了這個專案，我感謝他的耐心和毅力。我要謝謝傑力·席而瓦（Gerry De Silva），他是我們集團企業事務的負責人。這個專案兩年多前啟動以來，他一直都是主要協調人——從尋找寫手、策劃採訪、搜索檔案資料中隱藏的瑰寶，到選擇照片，直至本書的完成。

傑力還是本書指導委員會的成員之一，這個委員會負責審閱所有手稿。他們就像無聲的守護者，提供坦誠的意見，負責重要事實

前言

的核查，並對本書的敘事發展提出寶貴的見解和觀點。衷心感謝勝暉和指導委員會，以及納高、豐隆集團企業事務和世界科技出版公司團隊的大力支持，你們的辛勤付出，讓本書的英文版本得以面世。

我由衷感激新加坡政府高瞻遠矚的領導能力和遠見卓識，將我國轉型成一個繁榮的大都市。新加坡健全的基礎設施、高效的治理和全球聲譽，是我們集團能在本地和國際上取得成功的重要因素。

感激我的家人長期以來對我的支持、鼓勵、付出和理解。你們一直是我力量的源泉。

我親愛的妻子佩玲，感謝你的機智、睿智和寬容大度。你理解我有義務繼承先父的遺志，在我歷經風雨時作為我堅定不移的支柱，讓我能履行職責，為豐隆集團再創輝煌。感恩這一路上有你的關愛和陪伴。

致我的兒子益智和益慧，你們在事業和個人生活方面都取得非凡成就，我心中時常惦記著你們。你們在各自領域的影響力，以及為家人帶來的愛與幸福，讓我感到驕傲。

致我的孫子孫女，你們在我心中始終有一席特殊地位。你們那有感染力的笑聲帶給我歡樂。你們提醒我簡約之美，激勵我做得更好。

我衷心感謝楊烈國、黃志達、楊榮文、金偉燦教授、大衛‧米歇爾斯爵士、龐約翰爵士和摩西‧薩夫迪，感謝他們對我的肯

前言

定並分享軼事。這些數十年的友誼經受住了時間的考驗,是我所十分珍視的。最後,我要把這本書獻給我的親人,是他們在我人生經歷高低起伏時給予我堅定的支援;我在書中也介紹了他們當中的好些人。

郭令明

前言

　　我認識郭令明（LB是我對他的暱稱）已超過38年，有幸見證了城市發展在過去40年傲人的發展。他一手打造這家深獲信賴的世界級新加坡公司，所付出的心血無人能比。令明還是將城市發展擴展到其他市場的主要推手，他總是能看準市場週期，在適當時機投資黃金地段房地產，並打造國際連鎖酒店，這絕非容易的事，因為在房地產行業，很少能跨越地域而又取得成功的例子。令明是亞洲房地產界最受尊崇的人物之一，他的傳記也是他如何在房地產和全球商業週期的跌宕起伏中，建立起這家企業的寶貴紀錄。本書凸顯他在國內與海外交易方面的才能，以及他對海外房地產市場的深刻認識。這本書是新加坡房地產和商業歷史的重要文獻，也是商界人士必讀的一本書。

黃志達
遠東機構首席執行長

譯者感言

我從事財經新聞工作30年，專注於金融領域的報導，甚少接觸到房地產新聞。郭令明的事業起步於豐隆金融公司，並自1984年起擔任豐隆集團主席，但他似乎更活躍於酒店與房地產業務，金融公司的運營則交由專業人士管理。因此，直到最近參與這本傳記的翻譯工作，我才對這位商業鉅子有更深入的了解。

以往我對他的認識，主要來自於金融公司的雇員，以及採訪房地產新聞的同事；他們描述的這位商業大亨總是帶有神秘感，讓人難以捉摸。從這本書來看，他的確「不好搞」——求好心切、渴望迅速看到成果，這給身邊的人帶來了巨大的壓力。

這本傳記激勵人心，讓我深受啟發。書中有很多不為人知的故事，每段都非常有趣。例如：新加坡的地標建築，濱海灣金沙酒店的「飛船」外觀獨樹一幟，卻很少人知道郭令明在其中所扮演的關鍵角色，如果不是他的堅持與說服，新加坡的天空線可能就缺少一個亮點了。本書也揭露郭令明在紐約大展拳腳投資地標建築紐約廣場酒店的時候，和美國總統川普「短兵相接」，和應付對方「奇招百出」的種種內幕。書中也不諱言城市發展在中國投資失利的經驗；以及他在策略上和心態上，如何一次又一次度過種種巨大的難關和考驗。因此翻譯本書並不是苦差，而是充滿樂趣。可惜的是，這本書對豐隆金融公司的發展著墨不多，這對我個人來說，略顯遺憾。

郭令明作為長子，從小在父親鞭策下要成為出色的人，他的人生需要不斷地證明自己，不斷地有所突破。他的故事讓我想起

譯者感言

了當下流行的「躺平」文化，郭令明卻是一個截然不同的典型，一直到80歲才開始「想要」放慢自己的步伐。我真心希望他可以擁抱慢活的美好，在事業之外找到更豐富和滿足的人生。

郭書真

《聯合早報》言論組高級評論員、財經組前副主任

里程碑

1941年
1月27日郭令明出生於新加坡——在郭芳楓的五個孩子當中排行老二。

1967年
加入豐隆金融公司，擔任總經理兼董事。

1970年
與律師郭佩玲結婚；在新加坡合樂路開設第一家酒店——統一大酒店（現為國敦統一大酒店）。

1979年
領導豐隆金融收購新加坡金融公司，成為新加坡最大的金融公司。

1963年
畢業於倫敦大學，獲得法學學士學位；加入家族企業擔任管理人員。

1969年
收購遭受損失的房地產公司城市發展有限公司的股份。

1972年–1973年
獲得城市發展多數股權和公司的管理控制權。

里程碑

1990年
接替父親擔任豐隆集團主席。

1995年
與阿爾瓦利德·本·塔拉勒王子從唐納·川普手中買下紐約廣場酒店，成為全球頭條新聞。接著又在歐洲買下16家國敦連鎖酒店。

1997年
榮獲新加坡《商業時報》頒發的年度商人獎。

1984年
從父親手中接過豐隆金融主席職位。

1992年–1994年
開始在全球擴張酒店業務，在倫敦、紐西蘭和紐約進行大規模收購。

1996年
千禧國敦酒店集團在倫敦證券交易所上市，成為第一家在倫敦證券交易所上市的新加坡公司。

里程碑

1998年
新加坡最高的摩天大樓之一、豐隆集團的新旗艦大廈共和大廈開業。

2000年
在亞太地區酒店業投資年會上被評為亞太地區年代最佳酒店經營者。

2003年
紐約千禧希爾頓酒店耗資3200萬美元翻新後重新開業，大受歡迎。

2005年-2006年
與拉斯維加斯金沙合資興建濱海灣金沙，但在一個月後退出。

1999年
收購美國47間富豪連鎖酒店和韓國首爾希爾頓酒店。

2001年
新加坡總理吳作棟在年度國慶群眾大會上稱讚郭令明為模範商人，九一一襲擊重創紐約千禧酒店。

2004年
推出新加坡當時最高的住宅建築——濱海舫。

里程碑

2016年
在新加坡推出風華南岸，一個集酒店、住宅、辦公樓、商店和餐廳於一體的標誌性綜合開發專案。

2020年-2021年
因中國協信遠創事件蒙受18億新元損失，這是郭令明事業中最大的挫折之一。

2023年
城市發展慶祝成立60周年；郭令明連同城市發展捐贈2400萬元給新加坡理工大學，資助它在新校園興建郭令明大學大樓

2014年
榮獲新加坡產業發展商公會頒發首屆終身成就獎。

2021年
城市發展宣布以8億4500萬美元出售首爾千禧希爾頓酒店。

序

當建築設計師摩西・薩夫迪（Moshe Safdie）決定在三座酒店大樓的頂部建造一個橫跨三棟樓，並附加一個無邊際泳池的空中花園時，他有預感這個創意點子將脫穎而出。他在自傳中寫道：「這太有意思了：這個空中花園可以欣賞到難以置信的美景，可以遠眺印尼、馬來西亞、市中心、海港和無敵海景。」然而發展商謝爾頓・阿德爾森（Sheldon Adelson）卻很不喜歡。這位拉斯維加斯金沙集團（Las Vegas Sands）的老闆想要的，是一個能讓他在2006年新加坡綜合度假勝地競標活動勝出的設計，而這個飛船的概念對他一點吸引力也沒有。薩夫迪回憶說：「阿德爾森不客氣地回我說，這是個愚蠢的想法，要我把空中花園拿走。」阿德爾森也認為這個設計太昂貴，他說：「這個飛船的設計真是瘋了。」但建築師設計師卻拒絕照做，並威脅將退出該計劃。

序

城市發展（City Developments Limited，簡稱CDL）當時跟金沙合作，一起競標後來稱為濱海灣金沙（Marina Bay Sands，簡稱MBS）的綜合度假勝地專案。城市發展團隊派駐波士頓薩夫迪的一名新加坡籍建築師整個慌了，打電話給在倫敦的老闆郭令明，在電話中驚呼道：「主席，大事不好！整件事要搞砸了，摩西說他要退出！」距離期限只有三個月，郭令明知道來不及再找一位新的建築師重新設計。他給在拉斯維加斯的阿德爾森撥了通電話。

阿德爾森：「我都睡了還打電話來幹嘛？」

郭令明：「我猜你知道我要和你談什麼。」

阿德爾森：「你是在說那艘船嗎？它太貴了，太可笑了！這個設計方案一點都不靈活。」

郭令明：「我告訴你，聽我的話就是為你好，我成為你的顧問不是沒有原因的。如果你現在放棄這個計劃，等於永遠放棄了這個專案。空中花園要多少錢？1億美元？整個開發專案要多少錢？這只是總建築成本的一小部分。你仔細考慮一下！」

阿德爾森：「好吧，好吧。如果你堅持的話，就聽你的吧。」薩夫迪也做出妥協，他向新加坡市區重建局（Urban Redevelopment

序

Authority, URA）提交了兩個版本的設計方案，一個有空中花園，一個沒有。他在模型中用了可拆卸的螺絲將空中花園安裝在大樓上端。不過在向新加坡市區重建局做簡報時，他並沒有拆掉阿德爾森厭惡的那艘船。這令阿德爾森感到很沮喪。他對一位朋友說，覺得自己聽信郭令明和薩夫迪的建議是個錯誤，「這次我輸了。薩夫迪真的讓我失望。」2006年5月，事實證明，阿德爾森是錯的，金沙以空中花園的設計贏得了綜合度假勝地的競標。今天，這棟建築物已成為新加坡的標誌之一和旅遊地標，使這個島國的天際線耀眼奪目，在《瘋狂亞洲富豪》（Crazy Rich Asians）等好萊塢大片和一級方程式新加坡大獎賽中吸引了全世界的目光。

不過，隨著郭令明退出與金沙的合作並放棄了這個投資專案的股份，公眾不知道也不記得他曾經參與其中，更少人知道他靜悄悄地促成了這個綜合度假勝地的計劃。薩夫迪在接受本書採訪時說：「我常說，空中花園這件事，我欠他一個大人情。阿德爾森是一個非常固執的人，一旦認定了，就很難改變他的想法。但是他很尊重郭令明，也知道郭令明比他更了解新加坡。可以說，郭令明不動聲色，就展現了巨大的影響力和權威。」

序

郭令明是亞洲最富有家族之一的掌舵人，經營的業務從建築材料到柴油發動機，還包括金融、房地產和酒店。儘管他家族的豐隆集團（Hong Leong）在新加坡和馬來西亞家喻戶曉，他的旗艦公司城市發展也被視為新加坡交易所的藍籌股領頭羊，但郭令明卻是一個很少在公開場合露面的人。商界津津樂道的一個趣聞軼事，是有一天他開著一輛新車來他到旗下新加坡的烏節大酒店（Orchard Hotel）時，竟然被保安人員趕走。他的員工只認得他的車，而不是他的臉。

他在世界各地建造或買下標誌性的酒店，從紐約的廣場酒店（The Plaza）到倫敦的比爾特摩爾梅費爾酒店（Biltmore Mayfair），從台北的君悅酒店（Grand Hyatt）到首爾的希爾頓酒店（Hilton），但他在新加坡的日常生活卻始終非常低調。在公共場合，幾乎沒有人要求跟他合照或簽名。這位大亨年輕的時候，經常獨自在新加坡金融區的羅敏申路或絲絲街快步行走，穿梭於屬於自己的大廈之間。他身邊從來沒有保鏢，出國的時候也只乘搭一般商用航班。他解釋：「新航比私人飛機來得安全。」

他在公開場合發言時，多數是因為公司發布業績，而接受媒體採訪都是因為有某個重要的商業專案推出，例如M Social連鎖酒店。在城市發展擔任董事會成員的新加坡前高級公務員楊烈國說：「令明是一個非常嚴肅和內斂的人。他話不多。」提出藍海戰略概念的

序

管理大師金偉燦（W. Chan Kim）也認同這點。這位歐洲工商管理學院（INSEAD）的教授說：「他說話開門見山，直抒胸臆。他不說廢話，不會胡說八道。他不是鬼扯的人。」所以郭令明最喜歡的口頭禪是「努力工作，少說話，多做事」，一點也不令人意外。

他的成就確實不凡。在新加坡，豐隆金融是最大的金融公司。在2013年的高峰時期，每五個售出的私人住宅單位就有一個是城市發展的專案。他的共和大廈（Republic Plaza）曾是新加坡最高的辦公樓，而他的濱海舫公寓（The Sail）一度是世界上最高的住宅大樓。這兩座建築至今仍是市中心的地標建築。新加坡一些頂級酒店也歸他所有，包括瑞吉酒店（St Regis）、JW萬豪酒店、聖淘沙W酒店和新的艾迪遜酒店（EDITION）。

然而，郭令明最突出的成就是將家族業務擴展到新加坡以外的疆土。經過近30年的衣缽相傳，他於1990年接過父親的領導棒子，當時豐隆及子公司的業務主要集中在新加坡，只在馬來西亞、菲律賓、香港、台灣和中國大陸等少數亞洲地區有零星業務。郭令明將它打造成一家真正的全球企業，業務遍及五大洲。他引以為豪的酒店帝國曾經在倫敦證券交易所上市，是首家也是至今唯一在倫敦上市的新加坡公司。他在紐約跟唐納・川普（Donald Trump）交鋒，在倫敦得到鮑里斯・詹森（Boris Johnson）的款待，並在中東與阿爾瓦利德・本・塔拉勒王子（Prince Alwaleed

序

bin Talal）做生意。正如薩夫迪所說，郭令明是一個有權威的人。1995年當這位新加坡人從川普手中買下廣場酒店後，《財富》雜誌既困惑又敬佩地問：「郭令明到底是誰？」

時至今日，這個問題還是存在。郭令明究竟是誰？他事業生涯的輝煌成就有目共睹，但對大多數人來說，這位被熟人稱為「LB」的傳奇人物仍然是神秘的。這本授權傳記試圖解開這個謎題，深入探討他的事業、信仰、生活習慣，以及克服重大障礙的策略，自然也包括他成功的秘訣。

讓郭令明參與這個以回顧為重點的出書計劃是一項挑戰。他承認自己不喜歡事後孔明，無論是好是壞，他覺得自己最大的優點之一是往前看、向前走。2021年，他的公司注銷了在中國協信遠創的18億新元投資。他說：「有些人會說，你們公司在協信遠創虧了這麼多，是如何保持鎮定的？我會選擇了結，然後開啟新的篇章。我不會浪費時間，因為如果你還在擔心，如果你還在哭泣，那你永遠無法迅速進入新的篇章。這不是我的原則。我的原則是：如果你能正確地往前走，你就能賺到更多的錢。」對於成就，他也以同樣態度對待。問他在1990年代收購歐洲國敦（Copthorne）和美國富豪（Regal）連鎖酒店的經歷，他只用了幾分鐘的時間就交代了這些以數億美元計的交易。完成任務以後就繼續往前走，他似乎很厭煩事後分析，在他的認知裡，往後看就是在浪費時間。

序

這種冷傲的態度,有一部分原因是他的個性缺乏耐性。幾乎每位接受本書採訪的人都分享了他的個人軼事,以幽默的方式講述他長久以來處於煩躁不安的狀態。城市發展的總經理謝仰豐是公司的老臣子,他說:「和他一起出行,必須穿上跑步鞋,因為他從前走得非常快。一下飛機,就走得很快。用餐也很快,一點也不願浪費時間。有一次,他在倫敦來到以烤鴨聞名的文興酒家(Four Seasons),看到長長的人龍後掉頭就走。再好吃的美食他也不想等啊!」

他的公司總部以前設在城市大廈(City House),他上班時,總喜歡走樓梯而不是搭電梯。企業事務部主管傑力·席而瓦大笑道:「他會罵電梯:太慢了!」郭令明總是期待即刻看到成果或交付。他最喜歡說的一句話就是「快、快、快」。有一回,他在共和大廈第61層的辦公室指示席而瓦起草一份新聞稿。席而瓦乘搭電梯回到自己在第36層的辦公室,才坐下來電話就響了,另一頭是郭令明,他問:「你完成了嗎?」席而瓦回答說他剛回到辦公桌前,郭令明抱怨道:「你總是這麼慢!」

他對自己也有同樣嚴格的要求。他會迅速做決策,不會猶豫不決。他以身作則,嚴格要求自己準時。在豐隆和城市發展,大家都知道,主席不僅準時,而且幾乎總是早到。我們為這本書與他進行六次訪問,他每次都提前至少20分鐘赴約。他出席所有活

動都如此，無論是實體或虛擬活動，無論是董事會會議或社交午餐。這對其他人來說卻不是一件好事，因為他一到場活動就得開始了。

在2019新冠大流行期間，郭令明不得不適應虛擬會議。他的侄子、城市發展集團首席營運長郭益升說，郭令明經常會提前10至15分鐘上線，當其他人在更接近開會時間才登錄時，他會感到不悅，「最後一個上線的人即便已經提前5分鐘報到，但那可憐傢伙還是會被他罵一頓。」資深酒店經營者丹尼爾‧德巴耶（Daniel Desbaillets）說：「對我來說，他天性如此，你看到的就是真實的他。」

大家看到的郭令明，只顧工作，幾乎沒有娛樂。雖然他過去每天都打網球，他對跑車的喜愛也眾所周知，但他就是個工作狂。當他在新加坡休假時，他會巡視自己的酒店，確保它們處於最佳狀態。當他出國度假時，他也會到自己的酒店，或競爭對手的酒店看看。他說：「我的愛好就是參觀酒店。」城市發展的前董事符樹源說：「上世紀80年代末，我和他一起去雪梨藍山考察，準備收購一些酒店。告訴你，我根本沒有時間去藍山。當時不停地開會——跟銀行開會、跟經紀開會，他非常認真的工作。」楊烈國說，不曾在城市發展董事會會議結束後吃過一頓午餐，「其他公司會提供午餐，卡拉OK，甚至白蘭地。令明不一樣，他不提供免費膳食！」

序

無論多麼看似不尋常的事件都可能帶來商機。新加坡前外交部長楊榮文回憶在2019年跟郭令明之間為數不多的一通電話。楊榮文說，這位商人在東京郊外有一塊地，位置很好，他聽說日本明仁天皇退位了，想在搬離皇宮後找新的住處，於是他就想把這塊地賣給天皇。「他說他不認識任何人，問我能否幫忙？那大概是他唯一找我幫忙的一次。這個想法非常奇特，我當時有點錯愕，怎麼會有人要把地賣給退位的日本天皇！」日本皇室最終謝絕了這個獻議。楊榮文說：「商業鉅子的一個共同特點是，你幾乎可以感覺到他們的腦筋不曾停過，總是縈繞著憂慮、計算和評估。」郭令明的腦袋裡就只有公事。

他沒有工作應與生活平衡的概念。他的生活就是工作，家庭與工作，兩者之間沒有界限。他的妻子郭佩玲說，丈夫在家只談論生意上的事。她說：「在家的每頓午餐和晚餐都是關於他的專案。他會跟我談酒店翻新工程，即將推出的新公寓，還有示範單位的事情。比起吃飯，他更享受他的房地產！」他的兩個兒子郭益智和郭益慧都說，在他們的成長過程中，與父親相處的時間並不多。

跟他一起在豐隆和城市發展共事的較年輕晚輩，大多數視他為老闆，很少人視他為長輩。他的外甥女楊為彬（Patricia Yeo）是豐隆集團的控股公司豐隆投資控股（Hong Leong Investment Holdings）

序

集團財務總監，她說：「他的工作非常繁重，因此很難區分他是舅父還是主席。」侄子郭益升說，跟伯父的家庭聚餐幾乎離不開工作，「我們大部分時間都在談論工作。我想這是他和我們的最大共同點吧？」因此新加坡《商業時報》在2012年稱他為「最勤奮的掌舵人之一」是準確無誤的。

為了講述這位不按常理出牌的企業家的故事，我和The Nutgraf團隊六次採訪郭令明，採訪地點包括：國敦河畔大酒店（Grand Copthorne Waterfront Hotel）和新加坡瑞吉酒店（St Regis Singapore）的總統套房，以及他在共和大廈的辦公室。他有時沉默寡言，但說話時卻也能直言不諱，不會粉飾自己的言辭。有時，他還頗具幽默感。在我們最後一次的採訪過程中，他的手機接到一通詐騙電話，他對著電話大喊：「餵？喂？這裡是警局。不要騷擾我，不要騷擾，這裡是警局！」

不過，這位八旬長者喜歡在不同話題之間跳躍，而且往往不願或無法深入討論一些商業交易的細節。幾十年來，他克服了一場又一場的金融危機，帶領公司從算盤時代邁入人工智慧時代，許多決策都基於他的直覺。為了補充本書的內容，我採訪了他近30位商業夥伴、同事和家人。名單上幾乎沒有朋友，因為郭令明在第一次採訪中就承認，他的朋友很少，甚至沒有。曾經營希爾頓酒店集團的大衛・米歇爾斯爵士（Sir David Michels）說：「他不是

序

一個好相處的人，但有人也說我不容易相處。你可知道，他總是不停地抱怨，一覺醒來就抱怨這個不夠好，那個不夠好，你不會經營酒店，你幫我賺的錢不夠多，今天已經星期四了。我跟他說起這些事的時候，他只是微笑以對，但這就是令明的經營方式。」

本書所有的引述，除非另行說明，均來自採訪。我也翻閱書籍、報章和公司年報等做了一些資料補充。本書分為六個部分，按主題和時間順序排列，共20章。在前兩個部分，我用大量篇幅探討郭令明與父親——豐隆集團創始人之間的複雜關係，通過這段關係可更深入了解郭令明怎麼會成為今天的成功商人。

第三部分從1990年說起。他接替父親成為家族企業的領導者，開始建立他的全球酒店帝國。在第四部分，讀者將見證郭令明在國內和國際迅速崛起，鞏固地位，成為一位最能了解市場的新加坡企業家。第五部分將介紹他參與的三個大型項目，這些都是在新加坡濱海發展專案。最後一部分討論中國和韓國業務，然後再討論棘手的接班人問題。在其中幾個章節中，我打破了常規寫作格式，用清單的形式來展現故事，甚至還跟法蘭克·辛納屈（Frank Sinatra）的對唱一樣，以平行穿插的方式來敘述故事。我希望這能讓讀者從郭令明的故事中得到更明確的啟發，用於他們自己的事業、業務和生活。

序

總的來說，這本傳記講述了新加坡一位最有成就的商界大亨鮮為人知的故事。用他自己的話來形容，他通過重大收購行動在全世界「插上新加坡的國旗」。郭令明或許覺得實際行動與空談是一場零和遊戲，但考慮到他從1960年代開始，跨越了七個10年的成就，很少有人會質疑他的風格。迄今為止，「新加坡故事」主要是在政治和政府行政層面等方面的故事，而《在商言商》（Strictly Business）這本書，卻展現了新加坡故事有關私人企業的面向，實屬難得。我希望這本書或多或少能回答這個問題：「郭令明到底是誰？」

白勝暉

第一部分／年少時期的郭令明

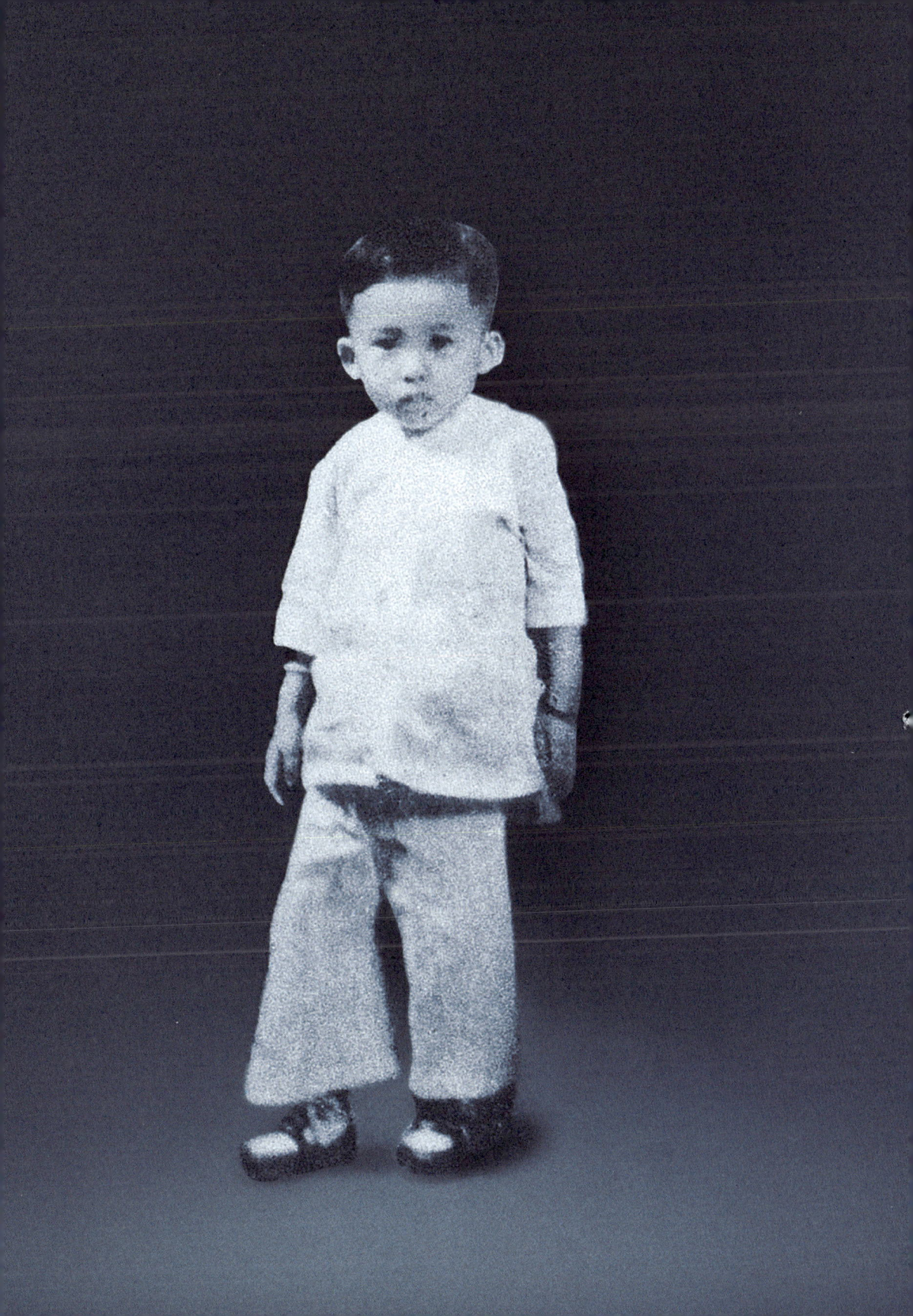

「回想起來，現在我才意識到父親對我的教導和經驗傳承是多麼的彌足珍貴。」

——郭令明

第一章

第一桶金

**千里迢迢漂洋過海，我最不想做的，
是承認自己失敗、打道回府。**

——郭芳楓自傳

  當郭芳楓拿出7000元的畢生積蓄成立自己的建材貿易公司時，他的姐夫老闆大發雷霆。雖然他們是親戚關係，但這並不重要，要成立一家從事相同業務的敵對公司，姐夫認為郭芳楓已經踩到底線。姐夫誓言與這個年輕人勢不兩立：「我會在商場上幹掉你，讓你破產。」但郭芳楓並沒有屈服。在姐夫的公司打工了13年後，29歲的他一心想自立門戶。他回答說：「我不會打擾你，但如果你要跟我鬥，我不怕，我會接受你的挑戰。」

  豐隆公司在烏雲密布之下於1941年誕生。公司名字是這位新晉企業家精心挑選的。他希望有一個蘊意深遠的中文名，而不僅僅是「豐收」而已。他在1987年出版的一本像是小冊子的中文自傳中寫道：「這個名字代表它不是一家普通的公司，而是一家具有高增長潛力、有蓬勃發展機會的公司，它將不斷壯大。」

第一章 第一桶金

大約六個月後,日本軍在1941年12月投下第一枚炸彈,並在兩個月後全面入侵新加坡。日本海軍航空隊17架戰機的空襲造成61人死亡,133人受傷。郭芳楓在一個最糟糕的時間點創辦了豐隆。在這個充滿血腥、戰爭和恐嚇的動盪時代,郭芳楓第二度成為父親。他的妻子是從中國家鄉嫁到新加坡的遠房親戚,並在1941年初為他生下兒子。郭令明的命運,注定跟他的父親、豐隆公司,以及20世紀的地緣政治動盪不可分割。

郭令明受到父親極大的影響。他們之間的關係不算融洽,讓年輕時的郭令明經常感到懊惱,但他毫不掩飾對父親的欽佩,甚至崇拜。當我們第一次討論這本書時,郭令明說他想寫的是父親的傳記,而不是他自己。他說:「他是一個偉大的人。」

很少有人會反駁他的說法。新加坡前副總理吳慶瑞是新加坡經濟奇跡的幕後策劃者,郭芳楓在1994年去世時,吳慶瑞這樣評價他:「說實話,只有極少數人能媲美郭先生所取得的成就,幾千人當中才有一人。」曾擔任內閣部長、後來出任豐隆公司董事的王邦文在為郭芳楓回憶錄寫序時,給予他高度評價:「郭芳楓先生被許多人視為典型白手起家的新加坡企業家。他在商界嶄露頭角的故事引人入勝,我們看到一個男人如何憑藉自己的勇氣和決心克服困難。」郭令明的故事必須從他父親白手起家的戲劇性旅程說起。

1928年,郭芳楓離開中國福建省同安縣的貧困村莊前往新加坡。當時的他年僅16歲,受教育不多,父母親都是農民,在結束帝國統治後的動盪中勉強度日。他們用當時的貨幣8元買了張貨輪船

票，給郭芳楓一條毯子和一張席子，希望他能在這個英國殖民地找到更好的新生活。抵岸時，他身上只帶著姐夫在新加坡的住址，幾乎身無分文。船上的10天行程讓他難以忘懷，即使到了晚年，他還記得那艘船的名字——Daima Apka。那是一艘髒兮兮的船。

據郭芳楓在《新加坡的領袖》（Leaders of Singapore）書中回憶，當他見到姐夫時，對方完全不知道這位年輕人是誰。他說：「我從沒見過你，你年紀這麼小來新加坡幹什麼？」郭芳楓回答說：「我父親在中國的生活困苦，他說也許我應該到新加坡當學徒，晚上進修學習。」他最初在姐夫的五金店當店員，後來升為理貨員，再後來成為推銷員，在印尼、馬來西亞和新加坡做買賣。晚上，他跟著家庭教師學習，提高閱讀和書寫能力。

到了1930年代中期，郭芳楓已經證明自己的工作能力，擢升為公司總經理，負責公司的運營。1937年日本侵華戰爭爆發，商品價格暴漲，他為公司賺取了豐厚的利潤，並獲得獎勵金。他在1982年接受新加坡國家檔案館口述歷史採訪時說：「我對當時擁有的一切非常滿足。」

然而，許多海外華人都有一個共同夢想。他在那個採訪中說：「有一天機會來了，我們有了本錢，就可以自己當老闆。這是我在那個時候的夢想。」他在自傳中說得更清楚：「雖然我的工作做得不錯，但我覺得如果我自立門戶，我可以做得更好。中國有句俗話說得好，『再美的花園也不是家』。我夢想著建立一個屬於自己的花園。我為自己的公司想好了名字，就叫做豐隆。」

第一章

第一桶金

郭芳楓並沒有因姐夫的怒罵而困擾，他在新加坡南部沿海一帶美芝路（Beach Road）的一間店屋，創辦了他的新公司。他的兒子郭令明在近70年後回到這個地方，開發了其中一個最具標誌性的專案——集酒店、住宅、辦公樓、商店和餐館於一體的「風華南岸」（South Beach）。郭芳楓最初在海濱設立的業務簡單樸實，從事油漆、繩索以及船舶和橡膠園用品的買賣，還出售大米等糧食。

1942年2月日軍攻打新加坡，郭芳楓被迫停業數月之久，但他很快便意識到，不能被恐懼吞噬，若什麼都不做家中老小就要挨餓。當他逐步恢復豐隆的業務時，他發現新加坡嚴重缺米。通過多年來建立的人脈，他獲悉泰國那裡有充足的大米供應，但航運材料如用於固定船隻的粗繩卻供應不足。於是，他在新加坡購買了這些繩索，利用摩托舢舡將它們運到曼谷換取大米，再把大米帶回國出售。

這次嘗試的成功，給了他信心讓豐隆在戰爭期間繼續營業。在荷蘭人投降並將印尼拱手讓給日本人以前，他從蘇門答臘島中部的占碑（Jambi）購買油漆和鋼鐵運新加坡轉手，而買家是誰呢？是日本軍隊。日軍給他開了一張支票，他把支票存到橫濱正金銀行（Yokohama Specie Bank）。銀行的出納員是當地華人，也是他的好朋友。當被問到是要收取英鎊或日本軍票時，他總是選擇前者。他在《新加坡的領袖》書中說：「在這三年半裡，我成功賺取到一大筆英鎊。我認為，日本人不會在這裡久留，最多也就是兩三年，所以我保留了所有的英國貨幣。日本軍票是給軍隊用的，不是

真正的日本貨幣,所以不用多想,答案很明顯。他們投降的時候,我想我有超過1000萬的軍票,都成了廢紙。我把它們裝進袋子裡扔掉了。」

郭芳楓也是一位精明的投資者。儘管戰火紛飛,他還是迅速將收入投資於房產、住屋和種植園。1943年還是日治時期,他用英國殖民地貨幣以4萬3000元在新加坡市中心周邊的巴克里路(Buckley Road),買下一棟10年屋齡的獨立式洋房,占地2萬5000平方英尺。他說:「戰前我並沒有多少錢,只有幾千塊,日治時期我賺了不少。日本人走了以後,我又賺了很多錢。這奠定了我的基礎,這就是我的起步。」

郭芳楓印證了中國古代思想家孫子的名言:「亂而取之」(混亂中往往蘊藏機會)。郭令明從父親那裡學到這個哲理,並在數十年裡巧妙地運用,度過了戰爭、危機、騷亂,甚至是神秘的大流行病。郭令明在2003年的一次演講中說:「無論戰爭或和平,無論順境或逆境,總能發現機會。簡而言之,創業時機永遠沒有好壞之分。」然而,戰爭也給郭芳楓帶來損失與悲痛。他的妻子,也就是郭令明的母親,在一次轟炸襲擊中因為驚嚇過度而去世。郭芳楓全身心投入工作,把兒子和女兒玉鸞交給在戰前從中國接過來的母親照顧。

隨著豐隆日益成長,他意識到自己需要更多幫手,於是找來三個兄弟幫忙——芳改(Hong Khai)、芳來(Hong Lye)、芳良(Hong Leong)。他們也是郭芳楓早些時候從中國接過來的。豐隆

第一章

第一桶金

的英文拼寫，跟他最小的弟弟名字的一樣，很多人誤會豐隆以他命名，其實不然。郭芳來是他們兄弟中最後一位離世的，那是1996年。他是馬來西亞豐隆集團掌舵人郭令燦（Quek Leng Chan）的父親，該集團的業務遍布亞洲各地。

郭芳楓把生意分給兄弟的做法異於傳統。他沒有保留多數股份，而是將65%的股份分給了他的三個兄弟，自己只保留35%。他寫道：「這看似非常慷慨，但在我看來，這符合中國人的倫理道德。每根手指都是身體的一部分，不可分割。在後來的歲月裡，我對兄弟們的信任一再得到肯定。他們和我一起經歷了許多挑戰，展現堅韌不拔的精神。」

憑藉日據時期賺到的第一桶金，豐隆在戰後迅速擴張。隨著航道重新開放，新加坡開始重建戰後家園，郭芳楓將業務擴展到船舶裝卸，並把產品範圍擴大到建築材料。該公司在1946年投資橡膠，對當時事業如日中天的郭芳楓來說，這是一次令人讚歎的投資。四年後，朝鮮戰爭在1950年爆發，橡膠價格從每磅35分漲到每磅2元。他寫道：「這些投資得到可觀的回報。」此時的郭芳楓是一位真正的大亨，準備將豐隆打造成一個帝國。

第二章

爸，別說教

令明是個沉默寡言的男生，
他的話不多。

——郭玉鸞談她的弟弟

1968年的某一天，郭令明忍無可忍。27歲的他無論做什麼，他的老闆兼老爸都覺得不夠好，嫌他反應太慢，沒有商業頭腦，而且過於保守，就連他在支票上劃線的方式都會惹惱他的父親。他回憶道：「我當時還年輕，我覺得壓力很大，他給我太多壓力了。」他決定逃離，臨時起意就逃往馬來西亞檳城，他不經常反叛父親，只是單純地想逃離，至於多久？下一步要做什麼？他毫無頭緒。他只想擺脫不停的轟炸——他形容得很具體：「砰砰砰砰砰」。

郭芳楓會大聲斥責他的長子「太過學術」、「天真」、「怕輸」、「怕死」，說他不適合商界。他接受新加坡國家檔案館口述歷史採訪時，兩度感歎兒子「太過小心」。郭令明說：「我父親是很嚴格的。當我還是個新人的時候，他會批評說『我不是要你做這個，我要你做那個！』我回答說『但我還沒學會怎麼做啊』，他會

第二章　爸，別說教

還擊：『這總是你的藉口，你總是說還沒學好。』我說不過他。」

他在家族的豐隆公司工作五年後，便意識到自己在倫敦大學接受的法律教育和特許秘書（或作企業行政人員）認證資格，反而讓他與父親之間產生了矛盾。受過西方法律專業的訓練，這位沉穩的年輕人希望自己能扮演幕後支援的角色。他在2004年接受《海峽時報》採訪時說：「我以為能用自己的管理能力來改善父親的企業，這是一家典型的華人企業，擅長做生意，但缺乏秩序和效率。但我父親說：我不在乎你的管理或系統有多好，如果你沒有銷售額，你就沒有收入，如果你沒有收入，你就死定了。」

幾十年以後，郭令明承認自己害怕在父親麾下工作。早年，他為豐隆提出的所有想法都被拒絕了。他說：「你無法討論或提出任何想法。他是王。不論我想做些什麼，任何戰略、任何想法，都達不到他的標準。他會說：『你給我閉嘴！不要給我任何沒有水準的建議。』」他的父親在口述歷史的訪談中也是這麼說的。當被問及他的兒子們是否會在生意上違背他的決定時，郭芳楓回答說：「不，不，他們不敢。多數是我告訴他們我的想法，我會建議他們怎樣做。實際上，我的想法從來不會錯。」

據郭令明的妻子郭佩玲觀察，這位父輩和他那個時代的許多人一樣，以近乎絕對的權威控制家庭和企業，並在當中加入大量的恐懼元素。她回憶道：「我家翁對我丈夫非常嚴厲，每一時、每一刻都在給他壓力。而且他從不告訴他為什麼。換言之，他非常專制，那可憐的兒子根本不知道是怎麼回事。年輕人偶爾放鬆就會挨罵。」

年少時期的郭令明

郭令明晚上回到家時通常已經被父親搞得精疲力竭。郭佩玲說：「很多時候，我能看出他度過了非常難熬的一天。」郭佩玲生於馬來西亞，和丈夫一樣在倫敦接受法律教育。她說：「我一直支援他。我告訴他，你父親在鞭策你，你有什麼不明白的，試著在他心情好的時候問他，如果他心情不好，你就走開，不要反駁。這是華人傳統。」父子之間的溝通很有限，耐心更是少之又少。在這位父輩眼中，孩子要乖乖聽話，少出聲，即使他們已經接近30歲。郭令明說：「不要問太多，觀察就好。他沒有耐性，很容易發火。你得自己學習，他不會跟你多說。」

他對兒子的控制超出了工作範圍。郭令明與妻子的約會必須在晚上9點之前結束。郭佩玲說：「老人家希望他在晚上9點以前就寢。他規定睡覺時間，因為希望他有足夠的休息迎接明天的工作。當我丈夫面色有點蒼白時，他會說『哦，你沒睡好』，當他面色紅潤時，他會反問『哦，你喝酒了？』這位老人家相當極端，從一開始他就想栽培我的丈夫成為接班人，而他的思想非常老派。」

郭令明的妻子說，丈夫時不時會把離家出走掛在嘴邊，然而他叛逃到檳城的日子並不長。他父親有一位好友住在檳城，在他的勸說下，這位年輕人又回到家中。郭令明回憶道：「他說：『你為什麼要離家出走？他是你的父親，是為了你好。不要逃避挑戰，而是面對它。有任何問題打個電話給我。』」回到家，他的父親保持沉默，沒有對他訓話。兩人和解以後，郭令明開始體會到父親的付出和犧牲，欣然接受了挑戰。他說：「我承認他可能很嚴厲，然而在

第二章 爸，別說教

充滿挑戰的一天結束時，往往會看到一線希望，我不再感到害怕。」

這個轉捩點之後，他跟隨父親踏上了長達20年的學習之旅，直到1990年接替父親成為豐隆的掌舵人。一路上他默默觀察、學習和運用。郭令明成為父親最優秀最熱忱的徒弟，並在21世紀逐漸擺脫父親的影子。幾乎每一場重要演說、每一份重要刊物，每一次重要訪問，他都沒有忘記向父親、同時也是公司創始人致敬。

他在2010年的一次演說中，稱讚父親是新加坡的「房地產大師」。他補充道：「現在回過頭看，我才能體會到，在他的指導下我學到了許多東西。通過觀摩他的工作方式，觀察他如何做重要決定，如何運用他在房地產行業的知識和經驗，都讓我受益匪淺。他的決策有時憑直覺，有時憑經驗。他向我和弟弟，還有我們的堂弟妹灌輸了強烈的價值觀，教導我們審慎處理財務，並讓我們對房地產行業有深刻的認識。他以身作則，示範該如何公平處事，並時刻保持最高專注度。」

在看著郭令明成長的人眼中，他成為父親的迷你版是有跡可循的。他聽話、守紀律，而且非常專注。他的姐姐郭玉鶯回憶說：「在上學之前，他總是坐在一個角落看書。他是一個非常勤奮的好孩子，不給別人添麻煩。」雖然母親在他很小的時候就去世了，父親大多時候忙於工作，但他的童年還是幸福的。他在新加坡河畔的一間店屋由祖母撫養長大。他說：「祖母非常疼愛我。即使在大熱天，她也會給我穿很多衣服，熱得我滿頭大汗，這是她表達愛的方式。」

戰爭結束後，郭令明在五歲時搬進父親在巴克里路的新洋房，

與叔叔、嬸嬸、堂弟妹們住在一起。郭玉鸞說：「那段日子我們有著非常愉快的回憶。我們都很天真，一家人住在一起很開心。我弟弟是個安靜的男生，話不多。晚上他會和堂弟一起玩，騎腳車、打球。」不久後，他們的父親再婚，家裡添了三名新成員——弟弟令裕和兩個妹妹。

郭令明曾就讀於培德小學（Beatty Primary School）和巴特禮中學（Bartley Secondary School），隨後前往倫敦攻讀法律，在那裡扮演「老大」的新角色，開始顯露出一直潛伏在他身上、父親的特質。隨後他的堂弟們也到英國首都求學，他成為了大家口中的「隊長」。他在倫敦的室友楊清江說，他和他的父親一樣，嚴格、節儉、守紀律。他說：「他非常節儉，我們第一次見面時，我都不知道他家是那麼有錢。我們一起租了一間破舊的公寓。我記得他幾乎很少花錢。」楊清江後來受聘於他並成為終身雇員。

他不喜歡堂弟們外出用餐，認為在家做飯更省錢。有時候，小傢伙們會偷偷溜出去，到倫敦唐人街尋找油膩美食。當他們回來時，郭令明就會聞聞他們的冬衣是否殘留著食物味道。他說：「我會大聲問：『你們去哪兒了？』我很嚴的，他們騙不了我。」

到了週末，他所謂的出去玩，就是把堂弟們召集到圖書館學習。楊清江說：「他不苟言笑，不喜歡浪費時間，即使在當時那個人生階段，他也非常自律。除了偶爾去茶舞（tea dance）之外，我不記得他做過什麼有趣的事。我們其他人會打麻將、玩撲克、喝酒，而他除了念書什麼都不做，是個嚴肅的人。」當郭令

第二章 爸，別說教

明最終要離開倫敦回新加坡時，堂弟們到機場送行時戲謔地乾杯「Merdeka！」——擺脫年輕的老闆，獨立自主。

郭令明回到老家便在父親手下工作，1963年加入家族企業，成為一名初級管理人員，當時新加坡與馬來亞合併，成立了馬來西亞。這位年輕的海歸很快被父親派往馬來西亞，在吉隆坡創辦豐隆分行。儘管擁有法律學位，郭令明卻從未考慮過執業。他反問道：「為什麼要當律師？一個律師能掙多少錢？我能獨立思考，我能掌握機會，為什麼要當律師呢？」他可以選擇不加入豐隆，「但我當時在想：我為什麼要把自己踢出局呢？我覺得自己在外面學不到那麼多東西。我從父親那裡學到了很多東西，儘管他非常嚴厲。」

當時的豐隆已經發展成為一家強大的建材企業。新加坡和馬來亞不斷朝工業化發展，它1956年與日本公司成立合資企業，引進工業化所需的水泥，其中以它與三井和小野田水泥公司的合作最為重要。三井是全球最大的財團之一，這個早期的合作關係持續至今。1962年，豐隆在新加坡建立了第一家水泥廠，年產量達18萬噸，不僅足以滿足新加坡所有的需求，還可用於出口。郭令明說，這座耗資600萬新元興建的廠房一度「引起轟動」，這個宣布當時還是新加坡報章的頭版新聞。

1965年新加坡與馬來西亞分家後獨立，郭令明被父親召回，他的堂弟郭令燦同樣曾在倫敦學習法律，被派往吉隆坡接替他經營業務。八年後，馬來西亞豐隆在郭令燦及其家族分支的領導下，成為一個獨立的實體。他們的英文姓氏拼寫不同，是因為同一個姓氏有

不同的羅馬拼音。

儘管對於要跟父親一同共事感到擔心，儘管他在1968年逃到檳城，但郭令明從馬來西亞回來預示著他將在商界嶄頭露角。他將變得越來越像豐隆的創始人，預示著第一代領導人將順利過渡到第二代領導人。他在2018年接受採訪時說：「對我有重要影響的有好幾人，但影響最大的是我已故的父親。他是一位真正的企業家，他有遠大的願景和莊嚴的權威，但又非常自律和務實。他教會了我很多事情，塑造了我的商業觀點，並影響我的生活方式。」

他對待工作的態度很快就與父親如出一轍。在1960年代，當時還是他女朋友的郭佩玲在一家為豐隆公司服務的律師事務所工作。有一回，她帶著法律文件來找他簽字，當郭令明發現文件中有一個計算錯誤時，他將文件扔回給她。與專業職責相比，戀愛顯然是次要的。郭佩玲回憶起這段往事時大笑說：「我趕緊跑出辦公室，我不知道該怎麼辦！之後我沒有再問他，他也沒有再提這事。」私底下，這位年輕人也越來越像他的父親。雖然他受過西方教育，但他的妻子卻形容他的約會風格傳統而老派。她笑著說：「他不送玫瑰和巧克力，他不是那種人。我們會出去吃晚餐，即便如此，他也總是在談論工作。他很敬畏他的父親。」

在本書的採訪過程中，有人告訴郭令明他和父親有著非常相似的商業思維、戰略方法和人生決策時，他露出少見的睿智笑容，說道：「物以類聚，人以群分，觀察久了，就不可避免地在腦海中揮之不去了。」

郭芳楓早年離鄉背井、身無分文地來到新加坡，自1941年白手起家，以豐隆為名，一步一腳印地創建自己的事業王國。

這是一張珍貴罕見的家族照：（左起）姐姐郭玉鸞、母親陳正娘、堂弟郭令燦、祖母葉刊娘、郭令明本人則站在祖母前。

郭芳楓於1943年日據時期買下位於巴克里路的大宅院，郭令明自五歲起就住在這裡，與叔叔、叔母和堂弟妹們度過難忘的童年。

郭令明（左）和堂弟郭令燦（右）從小（上圖）到青少年時期（下圖）一起長大。郭令燦後來成為馬來西亞豐隆集團的掌門人。

郭令明與妻子郭佩玲在1970年的結婚照。郭佩玲回憶道：郭令明在結婚後的幾年，經常在晚上到他們的統一酒店和位於武吉知馬的胡姬酒店（Orchid Inn，現改建為格林豪庭豪華公寓The Glyndebourne）的接待大廳坐著，郭令明總是四處走動，計算入住客的人數。

郭令明與妻子郭佩玲在倫敦度蜜月時合照，郭佩玲當時在新加坡擔任律師，他們因為工作而認識。

郭令明夫婦和兩個兒子—郭益智（Sherman，右）和郭益慧（Kingston，被母親抱著）。

全家福，左起：郭令明、長子郭益智、繼母黃秀貞、次子郭益慧、父親郭芳楓、妻子郭佩玲。

52

1967年豐隆金融在勞明達街開設第一間店，郭令明（中間穿西裝者）帶領一群員工打拚事業。今天，豐隆金融在全島有28間分行，12個中小企業中心。

郭芳楓於1979年生日時在自宅拍攝的全家福，左起：郭令裕、郭玉鸞、郭美香（抱著羅妙玲）、楊為榮、黃秀貞、羅永光、郭芳楓、郭益智、郭麗雲、郭佩玲、郭令明、顏溪俊、楊為彬、楊志平和羅強邦。

郭令明對名車情有獨鍾，他尤其欣賞奢華品牌如Aston Martin（上下圖）。他還會經常和車商打交道以瞭解汽車市場，因為豐隆金融的業務有一大部分是屬於汽車貸款。

郭芳楓把城市發展家族事業交給兩個兒子郭令裕（左）和郭令明（右）。郭令裕於2015年的驟逝對他們來說是一大打擊和損失，他生前率先推動公司的可持續發展計劃，在當時是業界先鋒。郭令裕也積極推動公司的慈善公益活動，幾乎是該公司公益事業的代言人。

1973年豐隆取得城市發展的管理控制權之後，豐隆集團成功收購城市發展的控股權益，並隨即推行多元化發展政策以拓展業務管道便積極在私人地產方面大展拳腳。左圖為城市發展位於羅敏申路的前總部大廈。郭令明是個急性子的人，曾抱怨總部大廈「電梯太慢」。

第二部分 ／ 在職培訓

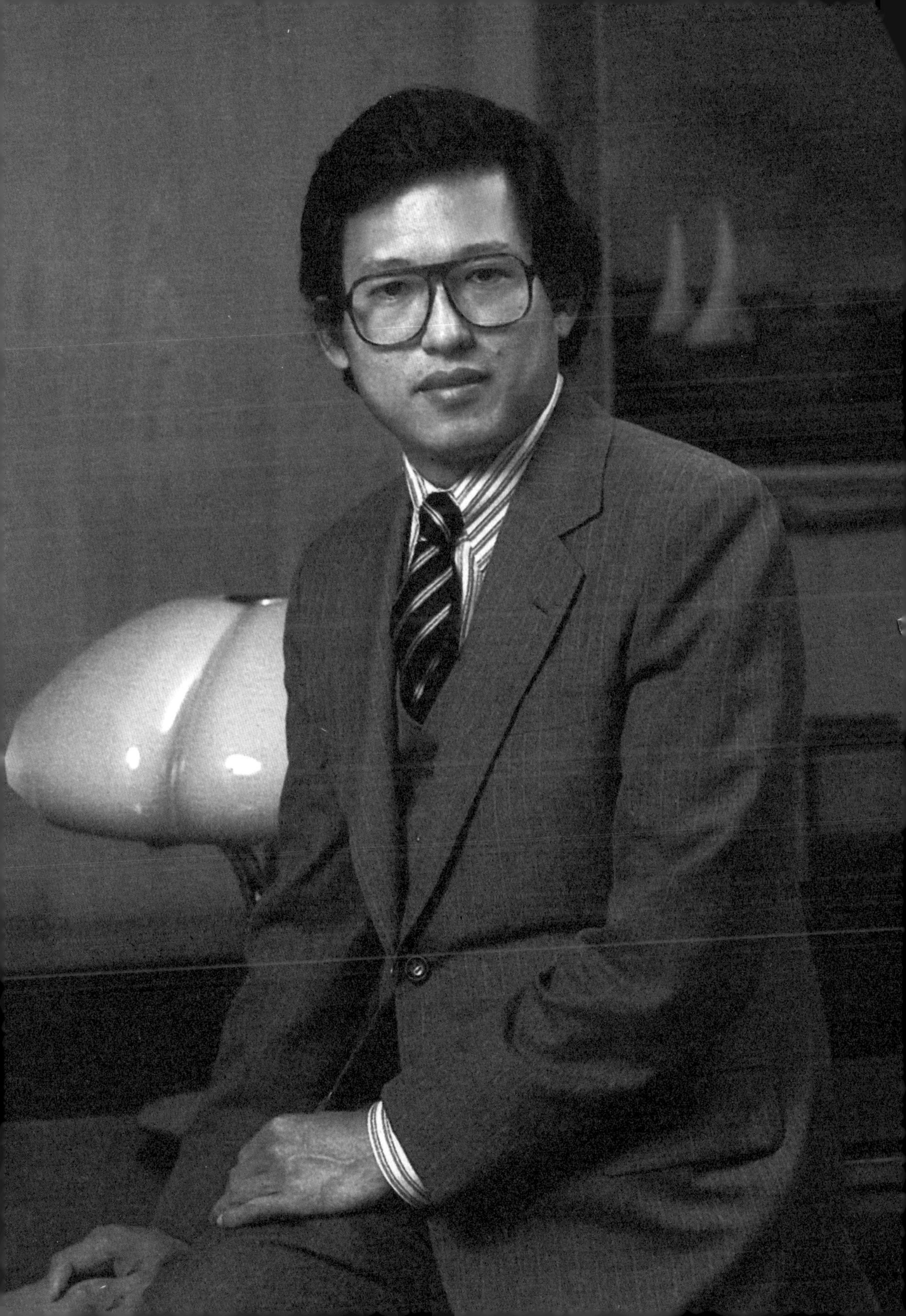

「我非常渴望找到生意，親自開車帶著我的員工到橋南路和湯申路，要他們挨家挨戶敲門，把每一家商戶都找過一遍才回來。」

—— 郭令明

第三章

全力以赴

「他不喜歡看到你坐在辦公室裡。
你應該在外面跑業務！」

——豐隆金融前高級副總裁沈暉明

　　沈暉明1971年加入豐隆金融公司擔任分行經理沒多久，就有機會坐上郭令明那輛閃閃發光的灰色捷豹敞篷車，享受微風拂面的乘車樂趣。在當時的新加坡，這種豪華汽車就像豹一般罕見。沈暉明在新加坡中央商業區羅敏申路（Robinson Road）的公司總部上車，郭令明開著車子往東部駛去。

　　當他們來到勞明達街（Lavender Street）的時候，郭令明告訴他已抵達目的地。勞明達街是一個五金和建築材料商店林立的地區，距離郭令明的父親最初成立豐隆公司的美芝路不遠。郭令明說：「到店裡去找點生意。我一個小時後回來，然後你可以告訴我你的成績。」沈暉明很驚訝但沒有畏懼，他大膽地走進商店，自我介紹是豐隆金融的員工，但還沒能繼續說下去，五金店的店主們早已充滿敵意。沈暉明說：「我是被趕出來的！他們認為我是競爭對手，是

商業間諜。」畢竟，豐隆最初是靠五金建材生意起家的。他說：「我當時很灰心，我覺得要我向競爭對手招攬生意簡直是個天大的笑話。」

郭令明在一個小時後返回，看到沈暉明一臉不悅地在路邊等侯。沈暉明講述了自己被粗暴對待的遭遇，希望得到老闆的同情，郭令明反而大笑說：「這麼容易就被打敗了！再試一次。」就像一個惡作劇，第二天他又開車把沈暉明送回同一個地點。沈暉明皺眉蹙額回憶起，他勉強地走進同樣的商店，結果不出所料，我又被趕了出來。」

他想放棄，但郭令明卻不同意。隔天，這位豐隆金融的董事經理第三次開車把沈暉明送回同一個地點，讓他下車再試一次。他下定決心不要再遭到拒絕，他向店主懇求道：「請你給我一次機會，否則我很快就會失業。」這一回，店主表示至少同意聽聽他在推銷什麼。豐隆金融希望為這些公司提供貸款，但店家都表示不需要融資。沈暉明早已有所準備，他說：「你拿5萬元去，如果不需要或不想要，你可以關掉戶頭，不收取任何費用。」就這樣，他做成了第一單生意。他說：「那一天我明白了，我是在為一個永不言敗的人工作，我必須學會讓臉皮更厚一些。」

快速發展的豐隆集團在1966年進軍金融界，年輕的郭令明很快就被委以重任，管理集團旗下的新子公司。25歲的他走進了零售業務的世界，他在教訓中學到，成功沒有捷徑。在剛剛獨立並掙扎求存的新加坡，要在殘酷的中小型企業環境中游刃有餘，就

必須面對無數挑戰和障礙。他在投身新業務後所汲取的經驗，奠定了他日後在全球邁向成功的基石。

他很快就發現父親是對的。如果沒有業績，再多的機制、再好的架構也無濟於事。在豐隆金融流傳著一個故事：郭令明剛上班時，坐在辦公室裡好幾天，都不見客戶上門。他在多年以後說：「生意不會主動上門，你必須走出去找生意。」

郭令明指出，首先，跟銀行不同的是，在經濟發展的早期，許多新加坡人對金融公司沒有什麼概念。他在2003年接受《商業時報》採訪時說：「在他們看來，我們就是信貸公司，或更糟的是，只有當他們別無選擇時才會考慮的小額放貸人。」唯一出路就是出去找生意。「我非常渴望找到生意，親自開車帶著我的員工到橋南路和湯申路，要他們挨家挨戶敲門，把每一家商戶都找過一遍才回來。」沈暉明就是其中一人。他說：「客戶說我們不是銀行，那金融公司賣的是什麼？」

郭令明學會要積極進取。銀行的業務範圍廣，而金融公司面對較多限制。根據監管要求，金融公司提供的貸款需要全額抵押。不過，借款人要根據所需貸款的具體類型和用途，接受信用度和還款能力的評估。這種限制自然而然地將金融公司的客戶局限於那些被銀行拒絕的企業。就新加坡而言，即規模較小的中小企業。為了業績，豐隆金融必須主動出擊，發揮創意。當該公司在北部郊區義順開設分行時，業務舉步維艱，郭令明建議沈暉明舉辦電影放映會和戲曲表演，與社區建立聯繫。後來，他們還舉

第三章 全力以赴

辦健康寶寶比賽和乒乓球賽，以爭取客戶。

在不易經營的環境下，他也接觸到了一些不受歡迎的客戶。儘管只有20多歲，但郭令明卻毫不畏懼。有一次，一位客戶報失文件正本並獲得了一份副本，他試圖用這兩張證書去申請雙倍貸款。當豐隆金融的櫃檯人員拒絕時，他開始叫囂：「這是什麼爛公司？你們不敢借錢給我，我拿著兩張證書來這裡，但你們卻只貸給我一張的錢。」

郭令明來到前台與該名男子對峙。他說：「老闆，你別嚇著我的新員工。我可以報警，你會有麻煩的。」

客戶回答說：「來吧，我不怕。」

「你怎麼能做這種事？」

「我和你叔叔打過很多次交道了，你給我閉嘴！」

「不，是你閉嘴。你再不閉嘴，我會跟你鬥到底。」

「我會把這個生意給別人。」

「非常感謝，我並不想做你的生意。」

還有一次，一位客戶突然闖進來，對豐隆金融沒獲得他同意就賣出他的股票表示不滿。他將自己的股票作為抵押，如果金融公司認為股票跌破了約定的價格，就可以把它賣掉。郭令明回憶說：「他非常生氣，他對我大喊：股價下跌了會漲回來，我則告訴他，下跌的股票也可能進一步下跌，那是我的預測，而至少我保住了他的本金。」郭令明擔心這名男子會有暴力舉動，於是召來保安。幾個月後，這名顧客又回來，要求見郭令明。這位年輕

的老闆又召來保安,「我以為他要揍我呢!」其實,他是來道謝的,他說:「如果你沒賣,股票會跌得更慘,我的本錢也會賠光。」

零售業務這種面對面接觸的一線工作,成了這位年輕企業家最好的訓練場。對於這位大亨的兒子來說,這不僅是挑戰,也是一種磨練。沒有哪單交易會太小,也沒有哪個問題會太小。他的衝勁與實地戰略很快便有了成績。1969年,豐隆金融在新加坡和馬來西亞股票交易所上市。10年後的1979年,豐隆金融在一場歷時六個月的激烈競購戰中擊敗大華銀行,成功收購競爭對手新加坡金融公司(Singapore Finance)。這次收購讓豐隆金融成為新加坡最大的金融公司,資產總額約3億5000萬新元。該集團擁有18間分行,比許多本地銀行還多。

一路走來,郭令明學到五條寶貴的經驗,這些經驗在他的事業生涯一直伴隨著他,從房地產業到酒店服務業。

▶第一:業績是企業的生命線

這是郭令明在豐隆金融學到的金句,並傳授給公司所有員工。正如豐隆金融前總裁伊恩・麥唐納(Ian MacDonald)所說:「一切都是為了業績。」而首席業務員就是郭令明本人。「他喜歡做業務,會等待一個合適的時機向你推銷。」有時候,可能完全是無心插柳。

2003年，麥唐納到新加坡西部的保時捷服務中心開會，要向汽車轉銷商Eurokars集團招攬生意，為它的分銷商提供汽車貸款。Eurokars在新加坡代理的品牌包括勞斯萊斯、保時捷和迷你。當麥唐納和一名年輕職員抵達時，碰到郭令明正在試駕當時最新款的保時捷Cayenne，這是該著名跑車品牌首次推出四門運動型多功能車。坐在副駕駛座上的是Eurokars的老闆郭豐誠（Karsono Kwee）。當郭令明從麥唐納口中得知他此行的目的時，問道：「我能參加會議嗎？」

　　當然，麥唐納無法拒絕。他笑著說：「和我一起去的那位年輕人完全嚇壞了。產品介紹由他負責，突然間我們的主席也要加入。」幸好，說明會才介紹到第五頁，郭令明就一貫地失去耐心。他站起身道歉，要離開時轉過身來對著郭豐誠說：「Karsono，把生意給我們！」

　　這筆交易就這樣談成了，直到今天，Eurokars仍是豐隆金融的客戶。麥唐納津津樂道地講述著這段20年前的軼事，彷彿就發生在昨天。他說：「我們的領導不只是指揮，在情況允許時他還會深入參與。你可以看出，他很喜歡當首席業務員。」

▶第二：做決策是老闆的職責

　　這應該是不言而喻的，但經常有很多老闆在需要做決定的時候猶豫不決或畏首畏尾。責任的重擔往往會讓人裹足不前，郭令

明則不然。他很早就意識到，作為一個老闆，他的首要職責是做決策，並始終堅定地履行這一職責。不過，他不會在沒有經過充分研究和諮詢的情況下貿然做出決定。在豐隆金融工作了34年的集團前財務總監李順意說：「他是一個謹慎的人，不容犯錯。如果我們能提供30%資金，他就會減到25%，總會留有餘地。他很果斷，而且最好是昨天就有答案。」

當需要聘用一名高級管理人員時，他會快速行動，不會將決策權外放。豐隆金融總裁洪東初記得，在與郭令明的90分鐘面試中，後者提出了許多有關金融業和中小企業的真實和假設性問題。面試結束時郭令明已經做了決定，他對洪東初說：「你被錄取了。」

有一次，豐隆金融面臨著失去一位重要客戶的風險，麥唐納成功得到客戶的承諾：若豐隆金融的報價能與競爭對手相仿，他們將繼續與豐隆合作。然而，如此優惠的條件只有郭令明有權批准，而且當天就是期限，麥唐納說：「客戶的要求有點高。」他要求約見郭令明，但老闆當天的日程都排滿了。經過反覆勸說，老闆的秘書的最終妥協並說：「你有5分鐘的時間。下午4點17分到會議室來。」

郭令明準時從會議室走出來，問了麥唐納幾個「最關鍵的問題」就批准了優惠條款，並在5分鐘後回返會議室。麥唐納第二天從報章上才知道，郭令明當時的會議是為了敲定濱海舫的土地收購交易，在那裡建造新加坡最高的公寓。回想起這件事，麥唐

全力以赴

第三章

納說：「在那5分鐘裡，他完全專注於豐隆金融，給了我時間，並做出了決定。」

▶第三：凡事親力親為

儘管貴為企業大亨和亞洲富豪，郭令明仍樂於積極參與公司業務，堅持親力親為。這是他在管理豐隆金融時養成的習慣。豐隆金融總裁洪東初說，郭令明是豐隆金融貸款審批委員會主席，親自批准所有重要交易，而且「他很少出錯。」雖然公司時不時會因個別貸款而蒙受損失，但郭令明確保公司的貸款組合保持盈利。李順意表示，「事實證明他的判斷往往是正確的。當你必須逐筆審查貸款時，這是一項非常艱苦的工作，但他幾乎沒有任何失誤。」

洪東初回憶說，當郭令明決定將豐隆金融的大部分業務集中在汽車貸款時，他經常走訪汽車轉銷商，例如Eurokars，以對汽車行業有更深入的了解，「他會知道哪些車型最暢銷，豐隆金融的貸款跟競爭對手相比如何，哪些貸款最受歡迎。因此當他問起有關客戶的資料時，你最好清楚情況，若告訴他錯誤的資訊你就糟糕了。他是一個親力親為的老闆，所以他了如指掌，不要試圖蒙蔽他。若一無所知，最好就是直截了當地承認，然後竭盡所能地儘快找到答案。」

郭令明的外甥羅永光是豐隆金融的一名董事。律師出身的羅

永光說，郭令明不怕深入研究細枝末節，「他非常注重細節，堅持文件中的資訊必須準確無誤。他的記性也很好。若碰到任何疑問，就得大量翻閱文件，以確定事實真相。跟他一起處理的工作有無數個版本的草稿不足為奇，順利的時候可能有十幾個版本，不順利的話則遠遠超過這個數位。」他補充說，部分原因是郭令明曾攻讀法律，「他和其他眾多企業家不一樣的地方是他的法律認知，以及對商業和法律風險的敏銳洞察力。我相信這是他能成功並享有威望的一個重要因素。」

▶第四：多方學習，學以致用

郭令明求知若渴，因為他知道在評估豐隆金融的貸款時，任何知識都可能派上用場。李順意說，他在房地產市場的豐富經驗，為他和公司打下了堅實的基礎，能夠做出重大決策。她說：「你要知道，他不僅了解住宅地產，還了解商業和工業地產，包括30年租期的政府地產。我們的客戶多數是以房地產作為抵押，他在這方面的知識讓他受益匪淺。」同樣的，他對股票市場甚至汽車行業的了解，也讓他能做出明智的決策。

對政府的政策也一樣。他密切關注政策變化，並且承認政府懂的比他更多。李順意說，他打從心底裡高度信任新加坡政府，「他相信政府可能知道一些我們還不知道的事情。他會試圖理解政府要的是什麼，特別是關係到新加坡金融管理局的政策，他認為遵守規定是明智之舉。」

▶第五：每個人都可能是客戶

有句俗話說：「如果你有的只是一把鎚子，那麼每樣東西看起來都會像一顆釘子」。這句話用在郭令明身上就是：「如果你是一個商人，每個人都可能是你的客戶。」作為豐隆金融的掌舵人，他毫不鬆懈，跟他共事過的人都說，對他而言沒有一宗生意是太小的。麥唐納說：「他最喜歡用的一個策略，是告訴客戶無須把所有生意都給我們，只給一些就夠了。」

沈暉明回憶在1980年代初發生的一件事。當時德國相機製造商祿萊（Rollei）在新加坡裁員，豐隆金融為它的員工舉辦了一場關於新業務融資的講座。其中一名失業者想開辦電腦學校，但沒有銀行願意借錢給他購買電腦。他沒有任何營運紀錄，而電腦在當時屬於新科技，幾乎沒有轉售價值。

沈暉明向郭令明反映了情況後，他的老闆另有看法。郭令明認為如果對方願意為貸款做個人擔保，那豐隆金融就願意提供融資。郭令明對沈暉明說：「告訴他，如果他對自己的創業專案有信心，那麼他就應該自己做擔保人。如果沒有信心，他就不應該從商。」最終豐隆貸款給這個創業人，這家公司英華美（Informatics）後來在新加坡股票交易所掛牌，不過在2000年代初陷入困境。

郭令明也不抗拒在競爭對手當中尋找客戶，這一點，沈暉明

在勞明達街的時候已經發現到。麥唐納說，當郭令明以豐隆金融的立場做思考時，他以公司利益為重。因此，他絲毫不在意把錢借給那些做建材生意的人，甚至後來也借給房地產發展商。麥唐納回憶說：「我們的主要客戶大多是發展商，他們是城市發展的競爭對手。」這些開發商非常樂意向豐隆金融貸款，「這是我多年來的一大困惑。我不明白為什麼這些發展商會來找我們，因為他們必須向我們披露所有資訊，而這些資訊對他們的業務來說都是保密的。」

在一次農曆新年的午餐會上，他終於鼓起勇氣從一位發展商那裡找到答案，這位發展商也是他的客戶。麥唐納多年來始終記得這個答案：「我總是找豐隆金融，因為我知道我的貸款必須由郭令明親自批准。如果這位行業中的翹楚批准了貸款，那就意味著我的專案是踏實的。」就連競爭對手也希望得到他的認可。

這些經驗讓郭令明帶領豐隆金融從1960年代中走到21世紀，成為新加坡最大的金融公司。該公司在業務上保持創新，並找到銀行尚未占據的利基市場。它在新加坡中小企業領域站穩腳跟，推出庫存融資和債務融資等服務。這些業務戰略跟分行坐落於組屋區鄰里中心的選址相得益彰，李順意說：「我們與客戶同步。」

前貿工部長楊榮文認為，郭令明對中小企業的觀點，是在他早年於豐隆金融任職時形成的。「他對中小企業很有感覺。我記得我在貿工部的時候，他告訴我，我們能在幫助中小企業獲取融資方面做得更多。他不認為它們會失敗，而是從它們身上看到了

第三章 全力以赴

希望和機遇。這是他年輕時學到的東西。」雖然郭令明是出了名冷靜沉著的商人，但楊榮文觀察到他對豐隆金融是有感情的。他說：「對我來說，他一直都很務實。我不認為他是對特定品牌有感情，他有感情的是他在年輕時候創建的豐隆金融，那可能是他第一次擺脫父親的影子，而他成功了。」

儘管郭令明的父親一直渴望獲得銀行執照，而當局拒絕發放執照給豐隆金融並曾讓郭芳楓感到惱火，但郭令明並沒有同樣的願望。他說：「我父親一直希望獲得銀行執照，但我不曾有這個夢想。我認為這樣做沒有任何意義，作為一家金融公司，我可以按照自己的方式經營。我認為獲得銀行執照沒有任何好處，因為我必須跟許多銀行、並且是許多大銀行競爭。對我來說，在一個小池塘裡比較好，我的魚才是最大的。做你所擅長的，成為市場的領導者。」當他帶領家族企業大舉進軍房地產市場時，事實證明他是正確的。

第四章

一分錢

> 「他們收購了城市發展公司，
> 並將它打造成為今天的巨人。」
> ——遠東機構總裁黃志達

1969年，馬來西亞吉隆坡爆發種族騷亂，並蔓延到鄰國新加坡，對於處境已是雪上加霜的小型房地產開發商城市發展有限公司（City Developments Limited）來說，這簡直是致命一擊。在新加坡，馬來暴徒和華人私會黨之間的衝突持續了七天，造成約80人受傷，四人死亡。投資者的信心在1967年英國宣布從蘇伊士以東撤軍後就跌至谷底，種族騷亂令情況進一步惡化。城市發展在馬來西亞南部的新山專案停滯不前，它嘗試將資金轉到新加坡，但流動資金的狀況卻非常吃緊，到了走投無路的地步。

為挽救業務，這家在新、馬兩地股票交易所上市的公司希望通過大宗交易脫售一批股票。郭令明從一位著名的股票經紀得知此消息，他說：「我覺得這是一個千載難逢的機會，我們大筆一揮，就可擁有可觀的土地儲備。然而，這並不是交易的問題，而

第四章　一分錢

是怎麼出價才是關鍵！」

郭令明對這筆交易很感興趣，於是遊說父親將它買下。豐隆公司正涉足房地產業務，收購城市發展將為他們提供一個很好的立足點。父親拿出算盤快速計算了一下，認為兒子是對的，這確實是一筆划算的交易。城市發展股票當天的收盤價為41分，郭老先生同意用這個價錢買入。為防止第二天的開盤價上升，郭令明要求父親給個緩衝，父親答應了：「我再給你1分——42分。明天買。」

不料第二天一開市，城市發展的股價就升到43分，比他父親指示的買入價高出1分。郭令明猶豫了。股票經紀給他下了最後通牒：「你想要嗎？如果你不想要，別人會要買的。」郭令明知道自己沒有時間向父親再次確認，機會稍縱即逝，他必須當機立斷，因此，在那一刻，他毅然做了決定說：「我要！」

這個決定將改變他的人生。半個多世紀後他回憶說，他心裡知道自己做了正確的決定，然而，他也感受到一種熟悉的害怕和恐懼，他說：「我知道免不了挨罵。」

果然，他的預感應驗了。郭氏家族剛剛完成了新加坡企業史上最了不起的一項壯舉，但是當父親得知兒子付的價錢比他批准的多了1分錢後，勃然大怒。郭令明說：「噢，他很不高興，把我罵得狗血淋頭。我知道我們得到了一個千載難逢的好機會，沒有關係，就讓他罵吧！」他這麼說的時候，語氣中並沒有絲毫苦澀或嘲諷的意味。

28歲的郭令明做好了被剝層皮的準備，經歷檳城出走以後的他

已經夠成熟，可以應對這種情況。他向父親承認自己的行為逾越職權並表達歉意，「我說『爸爸，對不起，下次我不敢了。我錯了。』我承認犯錯人是我，不是他，我說我知道錯了，這在某種程度上讓他有些欣慰，因為兒子不經一事，就不長一智。」就這樣，在挨罵的同時，新加坡股市的領頭羊開始易主，即將成為一隻家喻戶曉的新加坡藍籌股。雖然城市發展的財務狀況不好，但它有很多吸引人之處，讓郭令明決定入股這家公司。他說：「城市發展的大部分土地都位於新加坡的黃金地段。他們也有很多很好的開發計劃。」但城市發展的問題是，雖然它有很多想法和計劃，但它欠缺資金，在業務規劃方面更是一籌莫展。郭令明說：「我看到了一家充滿潛能的公司，但它由一群專業人士經營，而不是生意人。」這家公司成立於1963年，在安珀大廈（Amber Mansions）租了一間小小的辦公室，就是現在的多美歌（Dhoby Ghaut）地鐵站所在地，地處新加坡著名的烏節路（Orchard Road）購物帶。公司當時只有八名員工，董事會由英國人和華人社群代表組成，第一個管理團隊由一名英國特許估算師領導。為了籌集資金，公司在成立兩個月後就上市了。城市發展很快便在新山完成首個名為Fresh Breezes的住宅專案，這個富有創意的團隊還把「示範單位」概念引進當地市場。

城市發展成立的時間點，是新加坡正式加入馬來亞的九天前，它的目的是要進軍馬來亞共同市場，因此兩年後新馬在1965年分家，對它來說是一個巨大的挫敗。城市發展在新山的兩個專

第四章　一分錢

案在新馬分家後遭遇嚴重打擊,當時馬來西亞房地產市場異常低迷,到了1966年6月,新山房地產市場幾乎崩潰。

豐隆的股權參與正是城市發展所需的白武士。郭氏家族在1969年10月委派三人加入城市發展董事會,其中包括郭令明。他們提出了一個拯救方案,解決城市發展的現金流問題,郭令明也開始著手處理困擾城市發展的一些問題。例如,該公司在新加坡最具潛能的專案是位於西部的金文泰園(Clementi Park),但該住宅發展專案在處理非法居住者和佃農方面一直遇到問題。郭令明說:「他們做好一套計劃,並不斷改善,但裡面還是有住戶,如果這些住戶不搬遷,就永遠無法發展!」

他把安置住戶列為首要任務,推動談判和補償,並迅速完成了清理工作。他說:「城市發展的人不知道如何跟住戶談判,讓住戶予取予求。他們不斷花錢,花很多錢做出漂亮的設計,但卻無法開工。這就是為什麼我說他們是優秀的專業人士,有很好的計劃,但他們不是生意人,無法解決實際問題。」

城市發展在金文泰園推出了相對較新的住房概念——共管式公寓,而金文泰園也成為該公司的標誌性專案。郭令明覺察到本地專業人才不足的問題,於是聘請了一位著名的美國建築師,負責這個占地100多英畝項目的後期工程規劃和發展。城市發展很快就建立聲譽,成為一家可靠的高品質住宅發展商。他說:「豐隆最初是做建材生意的,因此我們對建築品質和成本非常熟悉。當我們進軍房地產業時,我們很早就決定要在市場樹立起聲譽。

我不想只是賺錢，我希望我們建的房子有品質。一些發展商把質量的問題留給買家自己去處理，特別是在1970年代，但這不是我們要打造的城市發展。」

豐隆在1972年買下城市發展的多數股權，這是該公司首次以西方模式完成的併購案，郭令明受命策劃和執行，完成了他人生中的第一項企業收購。觀察人士對此大為讚賞，《新國家午報》（New Nation）這麼寫道：「高瞻遠矚的豐隆搶在他人之前掌控了該公司，並不令人驚訝。」新的城市發展很快便實現多元化，進軍住宅地產以外的領域，在組合中增加了投資類地產、工業地產和商業地產。那一年的《海峽時報》打著這樣的新聞標題：「城市發展大顯身手買地」。該公司在一年後大翻身，還首次向股東派發股息。

1973年石油危機爆發，豐隆接手該公司的管理。1974年，郭芳楓出任主席，郭令明被任命為董事經理。城市發展順應新加坡的發展之勢，成為一家房地產巨頭，公眾和市場對它越來越關注。1980年的《商業時報》報導：「本周，城市發展吸引了市場的廣泛關注，因為他們看到了它的巨大潛能。這家曾經被忽視的公司即將啟動大型優質專案，這將在未來幾年內從根本上改變城市發展的經營狀態。」在郭令明的領導下，城市發展在接下來十年裡將鞏固它在新加坡的聲譽，它不僅是一家舉足輕重的大型房地產公司，而且還是一家有道德、注重品質、可持續發展，甚至關注購房者利益的房地產公司。1980年代初，他與其他房地產發展商聯合發起成立新加坡地產商公會（Real Estate Developers'

Association of Singapore, REDAS），以提高行業信譽。房地產業在當時有一個很大的問題，就是沒有條例規範發展商該如何處置購房者交給他們的資金。換句話說，發展商在收到購房者的款項後，可以將這筆錢挪作他用，若發展商遇到財務困難無法完成相關住房項目，購房者就會失去他們的房子。

雖然這一慣例對於像城市發展這樣的發展商有利，但郭令明認為長遠來說是不健康的，這讓購房者處於「極易受損」的不利位置。他說：「我和我父親一樣，從長遠角度考慮問題。如果購房者得到保障，他們可能會買得更多。這對公眾有利，對經濟有利，最終對企業也有利。」他主張制定新的條規，將所收資金的用途限制在具體的房地產專案上，這些規定至今仍然沿用著。他在2018年接受採訪時說：「新條規在很大程度上保障了購房者的資金安全，並給發展商帶來公信力。」他補充說，這個改變是他事業生涯中最引以為豪的成就之一。

郭令明以「城市發展」為起點，在商界找到自己的定位。之後，城市發展聲名鵲起，鋒芒開始蓋過豐隆公司，成為新加坡的領先品牌。如果他沒有在1969年大膽投資該公司，就不會有今天的成就。回首往事，郭令明表示，這對他而言是一個重要的里程碑。他在同一次採訪中說：「對於像我這樣一個在理論和實踐上都熱衷於收購理念的年輕人來說，這是一項重大成就。可能在那一刻，我發現自己除了是父親的兒子之外，我也有自己的命運。」這是他人生中的一個轉捩點，如果不是他決定多付1分錢，結果可能大相徑庭。他微笑說：「如果你回頭看，這還真是一筆不錯的交易。」

第五章

統一天下的酒店業王者

「統一酒店是他的初戀，
你永遠不會忘記你的初戀。」

——統一酒店前總經理楊清江

1960年代初，噴氣機時代終於來到亞洲，剛成立的新加坡政府意識到，這個英殖民地顯然還沒做好準備，掌握全球旅遊業的契機。噴氣機以前所未有的速度實現人們出國到各地的夢想，1963年的旅客人數達到創紀錄的5800萬人次，但新加坡在促進國際旅遊業方面幾乎毫無作為，必須有所改變。

1964年，新加坡旅遊促進局成立。新加坡經濟發展的關鍵人物吳慶瑞承諾，政府將大力扶持旅遊業發展。那一年，他在國會上說：「每個人都知道新加坡的旅遊業有巨大潛能，因為它享有國際聲譽，而且位於國際航空和海運航線的戰略要地。這個潛能需要配合積極措施加以發揮才能促進增長，而這些措施最好由私營企業攜手政府共同努力來實現。」

郭芳楓和郭令明在認真地留意著。很明顯，旅遊業將成為新

第五章 統一天下的酒店業王者

加坡經濟增長的重要引擎,正如吳慶瑞所說,政府希望、也需要私營企業在這個領域與政府攜手合作。郭令明立即被吸引住。他說:「你知道李光耀和吳慶瑞都是超人嗎?他們想要推廣新加坡,讓這個國家變得生機勃勃,我非常有信心旅遊業將會騰飛。」

他很快就找到了進軍這個領域的機會。吳慶瑞的努力在1967年見到成效。這年的上半年,約有8萬7000名旅客抵達新加坡,增長了57%,新加坡旅遊促進局發言人稱之為「世界紀錄」。但是,新加坡面對著一個重大問題,它沒有足夠的酒店客房滿足旅客需求。一位航空公司高層對媒體說,除非酒店客房大幅增加,否則這種驚人的增長速度是無法維持的。這位不具名的要員說:「目前,客房短缺不僅造成一些遊客到馬來西亞新山尋找住宿,還導致某些海外旅行社建議有興趣的遊客在行程中略過新加坡。」政府推出新加坡河畔合樂路(Havelock Road)的土地用於興建酒店。集中在烏節路購物區的酒店已無法滿足日益增長的需求,為了吸引更多酒店建設,當局提出了一個極具吸引力的10年免息分期付款計劃。郭令明非常感興趣,他在2004年說,他曾經「渴望有一天能擁有一家酒店。」繼建材、金融和房地產之後,豐隆找到進軍第四個行業的機會是酒店。郭令明說:「一旦有了發展旅遊業的承諾,進入酒店業是不會出錯的。酒店還能帶來可觀的經常性收入。」1968年,豐隆在投標中勝出,並在合樂路建造第一間酒店,當時的土地價僅為98萬新元。如今,這塊土地的價值估計為1億6000萬新元。

《海峽時報》寫道,由於巨型和超音速噴氣機的出現,為了免在人潮湧入時措手不及,本地酒店業掀起「興建潮」,1970年開業的統一酒店(King's Hotel)便是其中之一。烏節路沿線的香格里拉(Shangri-La)、凱悅(Hyatt)和文華(Mandarin)等新酒店都努力爭取高端遊客,郭令明和豐隆則將統一酒店定位為有175間客房的經濟型酒店。這家12層樓高的酒店以優雅的白色外牆和圓形陽台吸引人們的目光。《海峽時報》在它開幕時寫道,「它旨在吸引中等收入的遊客。」為了跟這棟耗資470萬新元興建的酒店匹配,附近有礙觀瞻的貨倉業主同意翻新他們的建築。郭令明在1970年接受《東方太陽報》(Eastern Sun)訪問時說:「現在,貨倉外已經搭起了鷹架,外牆正在重新粉刷,這樣一來,酒店房客就可以看到美麗景觀,我們非常感謝貨倉業主的配合。」

酒店生意十分紅火,但郭令明是一位有點焦躁的年輕酒店老闆。在該酒店長時期擔任總經埋的楊清江說,早年的時候,郭令明幾乎每晚都會留守酒店大堂,實實在在地看著酒店的生意。同一年,他結婚了,他的妻子郭佩玲記得他們早年在統一酒店大堂度過許多個夜晚。她笑著說:「我喝著熱巧克力,而他則來回地走動,看看有什麼人登記入住。」

郭令明會每天翻閱帳簿,跟客人打成一片,聽取反饋意見,甚至還「隱姓埋名」訂了房間觀察員工的工作情況。郭令明說:「每天吃過晚飯後,我都會到酒店大堂坐坐。當我看到客人進來

第五章 統一天下的酒店業王者

時，我會開心地拍手，非常高興！但如果沒有人進來，我就會感到沮喪。我會問：『客人在哪兒？他們為什麼不來？我們的收費是多少？我們是否趕走了客人？』我樣樣都親力親為，直到今天還是這樣。」

據千禧國敦酒店（Millennium & Copthorne Hotels）的資深員工說，郭令明到任何一家酒店都有兩道標準問題：入住率是多少？昨晚的平均房價是多少？楊清江表示，這是郭令明在統一酒店大堂度過無數夜晚所養成的習慣，「統一酒店是他的起點，也是他學習酒店業務的地方。他對盈利有著非常高的預期，總要做些事情來改善盈利。」直到今天，這家酒店集團還在流傳著一件軼事：有位酒店總經理很興奮地告訴到訪的郭令明，酒店當天的入住率達到了99%，而郭令明的回應是：「為什麼不是100%？」

雖然統一酒店的生意不錯，但利潤微薄。郭令明很快意識到，酒店只有175間客房，規模不大。他獲得政府部門的許可，增建一棟新樓，客房數目增加了142間。郭令明說：「我告訴政府，我們都是酒店業的新手。你沒能預見，我也沒能預見，我們都錯了──175間客房是不夠的。讓我再蓋一棟新廈吧。他們說，如果讓我這樣做，他們就必須給我的毗鄰酒店──阿波羅（Apollo）和美麗華（Miramar）同樣的待遇。我說那就給他們吧！你們想讓旅遊業在新加坡發展下去嗎？他們最終同意了。」

擴建以後，酒店的根基愈加堅穩，楊清江驕傲地說，儘管經歷了多次危機，包括2003年的沙斯疫情（SARS）和2020年至2022

年的新冠大流行，但酒店在這50多年來從未出現過虧損。郭令明給了酒店正確的定位，吸引到大量注重性價比的旅客。他說：「很多人認為五星級酒店是最好的，但實際上三星級酒店盈利更高，成本低得多，因此獲利率比豪華酒店來得高。」在統一酒店開業初期，郭令明利用豐隆跟日本商人的友好關係擴展酒店業務。他不僅聘請了一位日本籍的總經理管理酒店，還開設了一家日本餐廳和一家日本理髮店，這在1970年代的新加坡是聞所未聞的。酒店成功吸引到日本的常客和機組人員，甚至還有英國流行歌手英格伯·漢普汀克（Engelbert Humperdinck）這樣的名人。

創意和靈活性也使得這家酒店在經營的半個世紀一直保持盈利。首先，郭令明希望酒店服務的對象不僅僅是遊客。他在1970年代初準確地預測到，隨著新加坡經濟大規模發展，新興中產階級將會崛起。這些有一定經濟能力的新加坡人時不時會想要享受一下，因此他將統一酒店定位成本地人約見的首選地點，雖然它不像烏節路的豪華酒店那樣高檔，但與那個時代的街頭小販相比，這裡的檔次顯然要高出一籌。當時的新加坡酒店，咖啡廳以西餐為主流，但統一酒店的餐廳走不同路線，提供的是正宗檳城娘惹美食。50年後的今天，這裡的自助餐選擇仍然深受歡迎。

郭令明早期在統一酒店學到的經驗、遇到的挑戰和取得的成功，在後來都運用到他的酒店經營之中。他親力親為的作風使到他的酒店帝國建立了精簡的管理結構，省略許多繁文縟節，經理們可以自由快速地對客房定價、促銷活動和餐飲變化做決定。郭

第五章

統一天下的酒店業王者

令明沿用統一酒店的策略，在1990年代獲得倫敦當局罕見的規劃許可擴建比爾特摩爾梅菲爾酒店（Biltmore Mayfair），增加了113間客房。英國分析師將這個提升計劃稱為「天賜良機」。

格洛斯特酒店（Gloucester）的總經理格蘭特·威爾金斯（Grant Wilkins）在1995年說，郭令明還改變了英國酒店對餐飲的看法。他在自助早餐中加入中式粥品和美式班尼迪克蛋，迫使倫敦的傳統競爭對手不得不迎頭趕上。倫敦旅遊業這位知名領袖形容郭令明對英國酒店業產生的影響是巨大的。他在接受《商業時報》採訪時說：「如今我們處理餐飲業務時更有創意，就像東南亞的酒店一樣，我們不再像典型的歐洲酒店那樣經營著咖啡廳和單點餐廳。我們現在有特別的小眾餐館，吸引酒店住客和其他客人。」

郭令明在統一酒店大堂來回觀察的習慣並沒有改變。他在海外下榻酒店時從不使用客房服務，而是在大堂或附近溜達，以便更仔細地觀察酒店的運營情況。一名資深員工說：「他希望看到人，看到生意，了解客戶群有哪些。」

這或許可以解釋為什麼到了後來他雖然轉戰更華麗、更時尚的酒店，但他還是對樸實無華的統一酒店（現在稱為國敦統一酒店）情有獨鍾。正如他在採訪中不止一次說，他的許多酒店管理風格和技巧都是從新加坡河對面這家風格樸實的酒店大堂裡學到，並完善改進的。

他坦誠，這是他酒店組合中唯一不會出售的資產，無論價格

多麼好。「這是我的第一家酒店,我從中學到了很多。我為什麼要賣掉它?有些資產是不能出售的。」他強調,他的繼承者也知道統一酒店必須始終掌握在郭氏家族手中。他的妻子甚至將它暱稱為他們家族企業的「酒店之母」,不可做不必要的改變。

　　楊清江說,雖然郭令明並不迷信,但有跡象表明,他相信統一酒店為他帶來了好運。楊清江說:「統一酒店是他的孩子,成長後成為他酒店帝國的母親,一切都從這裡開始。你怎麼能賣掉你的母親呢?統一酒店一直是他的吉祥物。」郭令明也有相同看法。當被問及為什麼要為酒店取這個名字時,他眼中閃爍著自信回答:「因為我知道我會成為酒店業的王者(King),統一天下。」

第六章

因父之名

「父親對我的影響很大。他是我的導師。
我從他那裡學到許多關於這個行業的知識，
這是任何商學院都無法教會我的。」

——郭令明，2002年演講

  1990年8月，當消息傳來時，郭令明已做好承受衝擊的準備。這場漫長的審訊，出動女皇律師，被告是他的父親億萬富翁郭芳楓。裁決結果令人難以接受，郭令明的父親和一位親戚因違反公司法各被罰款5000新元。他們被指在擔任Tripartite Developers公司的董事期間未盡職責。這是一家主要由豐隆控股持有的房地產公司，兩人不當授權Tripartite付款給一家房地產經紀公司，因此被罰款。

  因為這事件，兩人五年內不可擔任公司董事或參與公司管理，這意味著郭芳楓不得不辭去城市發展和豐隆集團主席的職務。他那快要50歲的兒子郭令明早在1984年便擔任豐隆金融的領導，如今是時候交棒了。郭令明說：「我一直都有所準備，一路走來我跟他學了很多。」他的弟弟令裕後來出任城市發展董事經理，也在一旁輔助他。

第六章 因父之名

在此後的30年裡,郭令明逐步將從父親那裡學到的智慧運用到自己的商業思維和決策,並將它總結為10個心得。

▶務實為上

在象牙塔裡可以有很多意識形態,但對郭芳楓來說,商業世界容不下任何教條主義。如果說他有什麼堅定不移的理念,那就是:只要管用就去做,愛與恨、好與壞都無關緊要。他對待日本人的方式就很有啟發性:雖然他的第一任妻子在日本占領期間過世,他也曾被日軍毆打,但這並不妨礙他與日軍合作,開始時是為了生活,後來是為了建立財富。

郭令明想起父親說的:「他說,生意就是生意,跟日本人看法分歧是另一回事。雖然他在戰爭期間飽受日本人的欺凌,但這並不意味著他不想與日本人做生意。他是一個講實際、重績效的人。他會毫無顧忌地做他認為正確的事情。」

在戰爭結束後,他繼續把個人情感放一邊。豐隆跟日本幾家主要企業聯營合資,讓它在後來取得重大突破,它們之間的聯繫也一直維持至今。豐隆在1977年建造屬於自己的45層樓大廈,大多數租戶是日本公司。統一酒店早期的主要客戶也是日本商人和機組人員。

▶了解世界

郭芳楓本著兩個信念做出重大商業決策。首先,他相信日本

人不可能贏得戰爭，也不可能長期久留，這讓他即使在戰爭期間仍然有信心進行大量投資，購買房地產和橡膠園。

其次，他相信新加坡新成立的人民行動黨政府方向所走的方向是正確的，黨如其名，親民也親商。他在《新加坡的領袖》（Leaders of Singapore）書中說：「在我看來，政府的政策一直都是支援商界的。政府必須制定對商人有利的政策，才能成功吸引外國和本地投資者，這樣才能發展經濟，經濟才會增長。」

他具前瞻性的視角勾勒出全球和當地的大趨勢，如今的企業為了洞悉這些趨勢，往往不惜花費數百萬元聘請管理顧問。郭令明跟他父親一樣，專注於了解世界。他的外甥羅永光是豐隆管理服務公司（Hong Leong Management Services）的高級副總裁。他說：「每天早上開始工作之前，他會閱讀報章的全部內容。這可不簡單，因為他訂閱的還包括海外報章。他不僅閱讀，也會主動了解周圍發生的事情。」

這還不夠。郭令明也喜歡聽取「街頭情報」，要求員工了解他們的身邊正在發生的事情。他將這個過程稱為「tum tia」（探聽）。羅永光補充說：「因為這樣，他總是能把握集團業務的脈搏。他耳聽八方，了解最新的市場資訊和機會，推動集團盈利增長。」

懂得政治並影響政策是有回報的。房地產大亨黃廷方的兒子黃志達同樣是房地產商，他說，郭令明從他父親那裡學到的重要教誨之一是，不僅要為自己公司的發展做出貢獻，還要為更廣泛的

社會和經濟做出貢獻。他說：「我們在新加坡不僅僅是商人，我們也參與新加坡的國家建設和經濟發展。我們的父輩這麼認為，令明也這麼認為，我敬重他總是為我們的行業和國家著想。」

▶土地即是財富

一旦定下長期發展計劃以後，企業就可提前規劃幾年甚至是幾十年後的發展，而不是只關注幾個月或幾個季度的事對郭芳楓來說，這意味著他可以部署投資；他最喜歡的投資就是土地。他在自傳中寫道：「我相信，土地是企業最穩固的基礎。有土地就有財富，有財富就能開啟很多途徑。還是那句老話：土能生白玉，地可產黃金。」

即使當他還是一名身無分文的移民勞工時，他就夢想著投資土地。他寫道：「擁有土地和開發房地產一直是我的夢想。就算在當學徒的時候，我也經常看著新加坡河兩岸鱗次櫛比的店面，想像著自己的高樓大廈就在其中。」郭令明對父親的這個理念刻骨銘心，以至於每次為本書接受採訪時，都會強調「土地就是黃金」。

▶敢於冒險

商人必須務實並了解世界，但不能過於膽小或謹慎。郭芳楓

敢於在戰亂中冒險、發掘和抓住機遇，轉眼間，豐隆的業務就超越了姐夫保守和謹慎經營的生意。

這也是郭芳楓灌輸給兒子的一大忌諱，特別是在他加入家族企業的最初幾年。這位接班人顯然學到了，他在2002年的一次演講中說：「我想和大家分享一個小故事，是關於我們公司的一名前職員。我跟他從小就認識，他總是比我聰明。當他要求在我們公司找個職位時，我就安排了，把他分配到貸款部門，負責為公司招貸款。

「很多人需要三個月的時間學習，而他不到一周就上手，他的知識和理論測試都獲得優異成績。然而工作了九個月後，我發現他沒有批准任何的貸款。我嘗試向他找出原因，他說：『萬一他死於心臟病呢？萬一他發生意外呢？萬一他和妻子吵架呢？那就還不了貸款了。』這段小插曲說明了他連經過計算的風險都不願意承擔。想要在商場生存，就必須實事求是，不能有太多推想。」

▶現金為王

郭芳楓顯然並不主張胡亂冒險。他強調現金流對企業的重要性，認為除非需要實現某個目標，否則應盡量減少借貸。他寫道，豐隆在1948年的繳足資本是30萬新元，銀行可提供相等於10到15倍的貸款作為發展資金，「然而，我們選擇盡量利用已有的資源，把借貸控制在最低水準。」

第六章　因父之名

郭令明說，他有時仍能聽到父親告誡他不要過度舉債。他回憶說：「我記得他曾經對我說，當你有現金流出卻沒有現金流入時，你就會破產，最好小心點。」他在2018年接受《Tatler》雜誌訪問時說：「做任何生意都要考慮開支。如果沒有現金流，無論產品做得多好，管理層有多優秀，企業都無法生存。」

雖然擴張是件好事，但必須與現金流相匹配。他在2002年說：「你需要知道何時停止擴張，你不能像賭徒一樣不斷加注，希望每次能博中大獎。很多情況是企業因為發展過快以至最終破產。在擴大規模時需要考慮兩個問題：一是知道何時停止與撤出，二是避免過度貸款。許多人在發展過程中過度借貸，一旦生意遇到問題，他們的業務將背負一大筆債務。」

▶控制成本

這跟節儉有關。郭芳楓強調，這是他給兄弟、兒子甚至孫子「最重要的教誨」。他在接受口述歷史採訪時說：「無論做什麼，我們都要有計劃。做事不能沒有計劃。至於開支，我們必須盡量節儉。但是，如果有些錢是必須花的，就一定不能省。」

他的兒子完全接受了這一教誨。在豐隆金融長期服務的前雇員沈暉明分享道：「郭令明會仔細核對你的開支，確保準確無誤後合理補還，但不會多給。」他喜歡以美國汽車酒店Motel 6的故事為鑑，告誡大家成本控制不當會導致的嚴重後果。這家美國

連鎖廉價酒店在1970和1980年代的盈利頗豐,但管理層卻沒有留意到員工清空收銀機的盜竊行為。他在2002年分享心得說:「雖然銷售額不錯,但因為成本控制不力以致公司無法持續經營,結果不得不出售。監控成本並在必要時削減成本對任何企業都很重要。但是成本只能減到一定程度,到了某個時間點,你必須重新關注銷售額。一言以蔽之,決定一家企業或公司的命運和財富的,始終是銷售額。」

▶沒有零和遊戲

郭令明說,父親避免零和遊戲,尋求雙贏的解決方案。他分享道:「他所強調的最重要的價值觀之一就是要公平公正,沒有贏家通吃的想法或心態。」就如他跟三個兄弟共同擁有豐隆一樣,郭芳楓相信做生意要讓各方受益,而不是以鄰為壑。當他被問及生意上最難忘的時刻時,他回答道:「最難忘的時光都是跟最親密的商業夥伴一起度過。」

同為房地產大亨的黃志達說,郭令明牢牢記住父親的教誨。他們在新加坡地產發展商公會共事多年,黃志達觀察到「他不會只顧個人利益,只討論跟城市發展和豐隆有關的問題,而是為整個房地產行業著想。我們不把彼此當作競爭對手,因為我們知道在這個小島上,我們同在一條船上,而我們有各自的業務範圍。」

希爾頓集團(Hilton)前首席執行長大衛・米歇爾斯說,郭

第六章 因父之名

令明這種沒有競爭對手的概念，在全球業務中顯然也如此。根據希爾頓集團與郭令明簽訂的協定，集團只可經營首爾希爾頓酒店，但在2000年代初，希爾頓違約，與另一方簽約管理在首爾的另一家酒店。郭令明要求跟在倫敦總部的米歇爾斯見面。米歇爾斯說：「他建議我們約在中途會面，郭令明的中途是曼谷。於是我飛到了曼谷。即使為朋友，我們還是起了嚴重的爭執。」

郭令明要求希爾頓賠償，並獲得一筆未披露的金額。「我說：『令明，你聽著，我要飛回倫敦了，這件事對我個人來說很尷尬，你有什麼點子可以幫我？』，他說：『我剛在曼谷買了一家未竣工的酒店。希爾頓可以簽下10年的管理合約。』於是，我損失了幾百萬美元，卻得到了2000萬美元。就這樣，我們把一場原本激烈的爭論變成對兩家公司都有利的解決方案。那不是因為我聰明，是令明他聰明。這是經過計算的嗎？也許沒有，但這就是令明，他非常聰明。他無論如何都想把它建成希爾頓酒店，而它也適合作為希爾頓酒店。」那家酒店至今依然是希爾頓，仍歸郭令明所有。米歇爾斯補充說：「他有一把大鎚子，但他不是每次都會使用。」沒有零和遊戲。

▶**建立聲譽**

他尋求在商界建立良好的長期關係，而不試圖賺快錢。從供應商到客戶都知道，豐隆是個值得信賴的品牌，從不偷工減料。

正如郭令明所說,他父親希望在市場建立聲譽。他說:「這不是為了賺錢、賺錢和賺更多錢。」

當1980年代的發展商為了提高獲利率而犧牲品質時,城市發展選擇逆勢而行。他說:「把質量問題留給買家,這很容易。但我們並不急於賣、賣、賣。如果品質不好,公司的聲譽就會受損。我們有長遠的考量,我們希望業務能夠持續發展。」城市發展的員工說,直到今時今日,郭令明還經常強調維護公司聲譽的重要性。他的一位長期資深助手說:「他是一個正派的商人,從不以占人便宜的角度出發。很多商人會不惜一切代價抓住任何機會,他絕不會那樣做,他總是把公平公正掛在嘴邊。」

世界頂級管理大師金偉燦(W. Chan Kim)也有同感。這位著名藍海戰略背後的歐洲工商管理學院(INSEAD)教授說:「我認識郭主席超過20年,他是一位非常正直的人,品格高尚,言出必行,信守承諾。這在全球商界是非常罕見的。」

確實如此。在2018年的一次媒體採訪中,郭令明被問及希望人們怎樣記住他時,他的答案不是他促成的某項商業交易或令人歎為觀止的建築,而是希望人們記住他是一位公平的人。他說:「能夠歷久彌新才是衡量成功的標準。我希望人們記得我在所有交易中的誠實、堅守宗旨,和作為一個商人應有的專注。在做生意時絕不占別人的便宜,要以誠信為本。公平公正地做生意,給人留點餘地,這樣別人才會信任你,有信心與你反覆打交道。做一個負責人的人,並信守承諾。」

第六章 因父之名

▶熟能生巧

郭芳楓向繼承者強調，要從事自己熟悉的業務，沒有必要就別去涉足一時興起的流行行業。郭令明說：「他認為如果從事不熟悉的業務，可能會被人吞噬。」因此，雖然大財團的業務都是五花八門，特別是在韓國和印尼，但豐隆集團採取的是符合邏輯的多元化戰略。它從建築材料起家，然後進軍房地產、金融業和酒店等相關行業。他說：「我喜歡專注一點。」

從事熟悉的業務讓他們能夠更好地掌握領域知識，而郭芳楓認為，這些知識是成功與財富的關鍵。郭令明說：「這意味著凡事都要親自動手去做，親身了解自己的業務，這是無可替代的。」眾所周知，他會悄悄地突擊檢查潛在的投資專案和現有資產。城市發展前董事Eric Chan說，在國外，他會只帶一名助手，不動聲色地考察新開的酒店。在國內，他會不打招呼就一大早悄悄溜進酒店，「他不會只依賴員工的定期彙報，他會設法核實向他彙報的情況是否屬實。例如，如果員工告訴他某間餐廳的菜色不錯，但生意不太好，他就會去找出問題所在，是營銷的問題，還是定價的問題，甚至是招牌的問題？雖然他對員工的要求很高，但他也親力親為。」郭令明分享說，親身了解業務的具體細節還不夠，「你對業務的了解應該擴大到你所處的經濟環境，以及可能影響業務發展的法律條規，關注這些方面有助於你做出正確、合理的決策。」

郭令明說，擁有這些知識將提高商業敏銳度和判斷力，做出更好的決策。不要隨波逐流，無論是網際網路熱潮還是珍珠奶茶熱潮。他在2002年表示，「除非你的新業務與現有業務相輔相成，否則涉足全新產品或服務並非戰略之舉。一定要記住，全新的業務有其固定風險，作為一個新人，你可能沒有能力識別這些風險，而一旦沒察覺，你就很難讓新業務成功，最終的結果會是，現有業務也會受到影響。」

▶**熱忱**

　　要讓以上所述奏效，最後一道秘笈是熱忱。郭芳楓為他的事業而活。他在《新加坡的領袖》書中說：「做生意是我的愛好！我很少有時間從事其他活動。」他的兒子全心全意追隨父親的步伐，自稱沒什麼耐性參加跟業務無關的社交活動。就像他父親一樣，他的愛好就是他的生意。他在接受《Tatler》採訪時說：「我一直熱愛做生意，現在依然如此。我相信，如果你沒有熱忱，充其量只能當一個平庸之輩。如果你具備知識、經驗和熱忱，卻不貢獻或傳授給他人，那將是一種浪費。」

　　他在2002年與其他商界領袖分享道：「一定要對自己的事業充滿熱情。如果你對所從事的行業毫無熱忱，那將是自尋死路。舉例來說，如果你對網球沒有興趣卻讓你學習打網球，即使有技術高超的教練，你也不可能很好地掌握球技。相反，如果你熱愛這

第六章　因父之名

項運動，要想成為專家，你會付出無限的努力。你會閱讀有關如何打好網球的書籍和雜誌；你會花無數小時觀看頂級網球運動員的視頻，模仿他們的擊球動作。你會做這一切，因為你對這項運動的熱愛在激勵著你。任何事業都是如此，要以激情為動力。」

他總是想著工作，在商界，他出了名對閒聊「過敏」。他在新加坡洲際酒店（InterContinental Singapore）開幕式上，第一次跟這家新酒店的瑞士主管丹尼爾‧德巴耶見面，劈頭便問：「建築費多少？你對未來的入住率和平均房價有什麼預測？周圍有這麼多酒店，你打算如何與它們競爭？」寒暄對他來說是浪費時間。新加坡前內閣部長楊榮文也有同感。他說：「我一直覺得他很認真，永不滿足，從不快樂。他總是憂心忡忡，總在擔心，總是希望事情能變得更好。這一直是我對令明的印象，永遠皺著眉頭。他從不喜歡閒談，只是專注於公事。」

黃廷方的兒子、遠東機構（Far East Organisation）房地產大亨黃志達開玩笑地說，郭令明跟他非常熟悉的人也會閒聊上幾句，「也許只有5%到10%吧。他告訴我，他很害怕見到我父親，因為我父親讓他吃的食物總是很難吃。我父親喜歡吃雞飯和咖哩，他會帶令明去遠東大廈吃午餐，但令明不喜歡，他覺得很油膩。他說那裡的食物難吃極了，最好不要約在遠東大廈見面。我們之間偶爾閒話家常，他挺可愛的。」

郭令明說，有熱忱就會努力工作，這是成功的要素。在他事業生涯的大部分時間裡，他每周工作六天，每天工作12小時，甚

至星期天也要工作幾個小時。「你必須投入大量時間蘊育和發展你的事業，有時甚至要犧牲家庭和社交生活。」他的妻子說，他極少跟全家人去一起度假。在他兒子郭益智的記憶中，父親在他童年時很少陪伴他。

成功的企業家必須做好犧牲的準備。郭令明自稱沒幾個朋友，他的生意夥伴、新加坡商人沈財福表示能體會這種孤獨感。他分享道：「我和他都非常專注於自己的事業。我也很少有親密的朋友，真正的領袖就像老鷹，必須獨自飛翔。」

郭令明認為，如果真正熱愛自己的工作，那這一切都是值得的。他說：「有些人無論多辛苦勞累，但因為他們有激情，所以能在工作中找到樂趣。簡單地說就是勤奮工作，少說話，多做事。」

豐隆創辦人郭芳楓卸任主席職務四年後，於1994年去世。郭令明的妻子郭佩玲說，作為兒子及繼承人，他突然覺察，領導家族企業的重擔已落在了他的肩上：「他知道挑戰已經來了，他留給我的時間本來就很少，之後甚至會沒有。我的生活起了變化，變得更加孤單。」

郭令明失去了一位鞭策他的導師，讓他的生活好像出現了道裂縫。隨著年齡增長，這個裂縫會越來越大。郭佩玲說：「如今，他真的很想念他的父親。現在他知道父親那麼嚴厲是為了教導他。他父親去世以後，他一直很努力解讀老人家話中的智慧，並嘗試追隨父親所堅守的原則。」

第三部分 / 帝國酒店

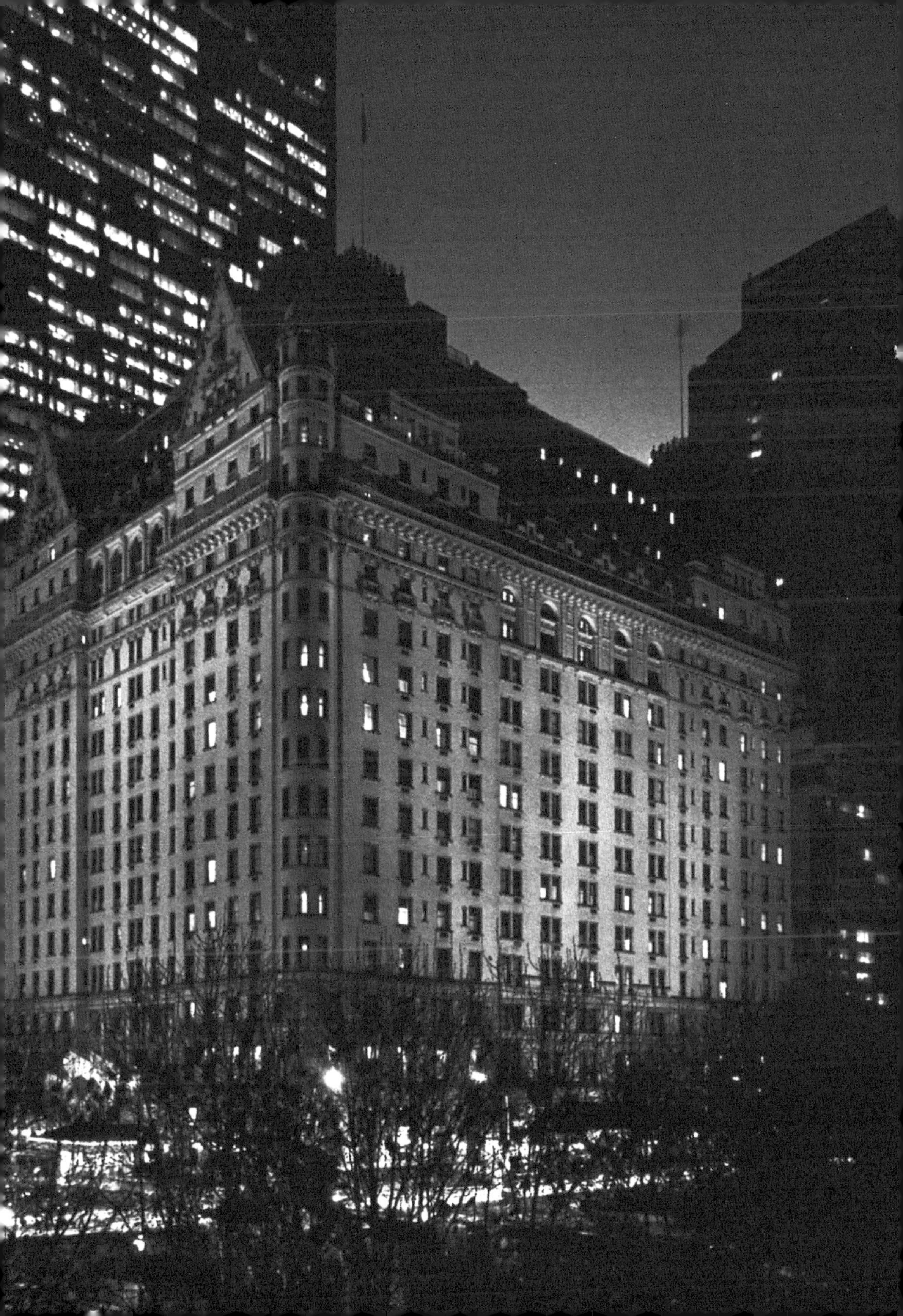

「我知道,總有一天我會成為
酒店大亨。」

——郭令明

第七章

從王國到帝國

「他的雄心壯志是創建第一個自亞洲崛起的全球酒店品牌。」

——2001年，《福布斯》雜誌評論郭令明

1990年初郭令明從父親手中接過公司的管理，當時的商界和世界正處於革命、改革和重組的十字路口。柏林圍牆倒塌後，冷戰進入尾聲，這場「歷史終結」的影響席捲了東西方世界。北京發生著名的1989年天安門事件；在東南亞，越南血腥占領柬埔寨11年後撤出。郭令明稱之為家的東南亞地區在經歷了數十年的動盪之後，終於出現和平的曙光。

1990年不僅標誌著一個嶄新10年的開始，也是20世紀最後一個10年的開始。這一年，伊拉克入侵科威特，以美國為首的聯軍大舉開進科威特境內作出反擊，標誌著一個以單邊發展和繁榮為特徵的新時代到來。新加坡也發生了重大變化，這個小島國迎來獨立後的首次領導層更迭，建國總理李光耀將權力移交給吳作棟。無論是承諾建設一個「更友好、更溫和」的社會，還是在競

選中提出「齊心共創幸福年」的口號，新上任的吳作棟政府承諾為新加坡人創造更好的年代與生活。

全球地緣政治和國內的政治變化，正好與郭令明成為家族企業的最高領導人的時間對接。正如吳作棟希望在這個國家留下印記一樣，郭令明也同樣希望能為豐隆開闢一片新天地，而他將在迷人的酒店世界中找到自己的定位。

郭芳楓退位前不久，豐隆集團在1989年做了一項戰略決策，通過涉足酒店經營，把業務擴展到房地產、金融和建材領域之外。促使這個決定的部分原因，是它無法從新加坡政府那裡獲得夢寐以求的銀行執照。新開拓的業務提供郭令明一個可發揮的舞台，讓他以豐富多彩，甚至有時是以戲劇化的方式揚名天下。

正如《商業時報》專欄作者康拉德（Conrad Raj）在2000年指出的那樣：「多年來，郭令明一直努力擺脫他父親、傳奇房地產大亨郭芳楓的影子。他的堂弟郭令燦被認為是更積極進取的企業家，而他卻沉悶無趣。」

現在不一樣了。郭令明將利用他在建設和管理統一酒店方面的經驗，打造全球最大的酒店帝國之一。城市發展前董事符樹源說：「他是擴展酒店業務版圖的推手。他對酒店業充滿熱情，一手將城市發展打造成一家真正的全球企業。」

當他開始進軍國際時，他旗下只有六家酒店，而且都在亞洲：
・統一酒店（新加坡）
・胡姬酒店（新加坡）

・烏節酒店（新加坡）
・台北君悅酒店（台灣）
・馬尼拉廣場酒店（菲律賓）
・檳城胡姬酒店（馬來西亞）

這些酒店歸入一家名為城市發展酒店（City Developments Limited Hotels）的新子公司，並於1989年在香港上市。城市發展持有該公司51%的股份，初始市值為30億港元。有了這筆資金，郭令明開始尋找可收購的酒店。他在收購酒店時有五個基本原則。

▶價格必須合適

日本人在1980年代以前所未有的高價，匆忙投資美國高檔房地產，但這位新加坡商人郭令明沒有隨波逐流，他選擇了更謹慎的方式。他憶述父親給他的忠告：「父親告訴我：『你應該在條件合適的時候以合理的價格購置房產。』如果你進場就只是為了買、買、買……那不是策略。」1992年的倫敦酒店市場十分低迷，自1989年以來就沒有大型酒店出售過。郭令明趁機以6750萬英鎊的價格買下548間客房的格洛斯特酒店（Gloucester）。他在1997年接受《華爾街日報》採訪時說：「我不贊成在大家都往西邊走的時候也跟著去，我選擇在大家都撤退的時候才過去。如果賣家漫天要價，我就不買了。」

第七章 從王國到帝國

全世界都注意到他有能力不斷發現物超所值的交易。《紐約時報》在1995年的報導指他的公司「在新加坡、英國、紐西蘭、美國和其他地方以相對較低的價格買入賺錢的酒店，讓人留下深刻印象」。《福布斯》也稱讚郭令明是「冷靜有自制力的買家」，如果價錢不合適，他隨時都準備放棄。這在他準備進軍日本時表現得尤為明顯。他考察日本多年，一直沒有找到價錢合適的時機。2011年福島核災難發生後，地價暴跌，他抓住機會在東京市中心的銀座購物區買下黃金地段。2014年他在千禧三井花園酒店（Millennium Mitsui Garden Hotel）開幕禮上自豪地說：「我在一個對外國人來說不易投資的地方，見證了一家酒店的誕生。」

希爾頓酒店集團前首席執行長大衛·米歇爾斯說，郭令明對酒店不感情用事，這在業界是出名的，「我不認為他會因為一家酒店是藍色的，或粉紅色的，或因為他在那裡舉行婚禮，而愛上那家酒店；但很多酒店經營者都會這樣。」

▶地點至上

郭令明在全世界最負盛名的城市尋找最好的地點，包括倫敦、紐約和香港。1992年，他在香港九龍南部熱鬧的旅遊和夜生活中心尖沙咀，買下香港日航酒店（Nikko Hotel Hong Kong）。同樣的，格洛斯特酒店坐落在倫敦富裕人士聚集的肯辛頓區，這裡有倫敦帝國學院、皇家阿爾伯特音樂廳和許多高檔商店。當時的威爾士親王

和王妃居住的肯辛頓宮也坐落於此。郭令明強調說：「一切都取決於地理位置。」他的中東合作夥伴阿里‧扎比（Ali Al Zaabi）目前經營約50家千禧國敦品牌酒店（Millennium & Copthorne Hotels），他對郭令明獨具慧眼讚不絕口。他說：「你看看他在倫敦的比爾特摩爾梅費爾酒店（Biltmore Mayfair）。這個地點無可替代。每個人都知道梅費爾區，當別人在猶豫的時候他進場了。」

郭令明說，他很多時候會透過計程車司機來對陌生的地區有更好的了解。他最喜歡在考察酒店時選擇計程車，而捨棄舒適的豪華轎車，有時甚至獨自出行。他在2019年決定不購買巴賽隆納和利物浦的酒店，就是因為做了這樣的考察。同樣的，他在2015年買下披頭四風格的哈德戴斯夜間酒店（Hard Days Night Hotel）之前，也是獨自前去考察。在前往酒店的路上，他與計程車司機攀談，盡量嘗試多方了解情況：這裡是個好地方嗎？這裡是否有什麼只有當地人才知道的趣聞或禁忌？他即將收購的酒店很可能是個不良資產—是什麼原因導致它陷入困境？轉換擁有權和管理權能改善嗎？他想了解當地人的真實想法，一如既往地深入實地尋找真實、未經過濾的觀點。阿里‧扎比說：「酒店的情況，不是通過手機或電腦就能掌握的。」

▶房地產土地使用權期限

收購酒店不僅涉及建築本身，還涉及它占用的土地。到了

從王國到帝國

第七章

　　1990年，郭令明在房地產業已有20年的經驗，他特別關注的是土地使用權的期限。他明顯偏好永久產權地段，即對土地的完全所有權沒有任何時間限制。這彰顯了郭令明在商業決策中的前瞻性思維，眼光遠超眼前的視野。他不是投機者。

　　他解釋說：「在這個世界上，租賃權是有期限的，需要定期續租。而永久產權則具有更大的價值。這是我從已故父親那裡學到的。他說『土地是黃金』。當你有了黃金，就會有很多保障；有了保障，就沒人能搶走。」這到今天仍然適用。不過，他也同意儘管他仍偏好永久產權的房地產，但這樣的機會不一定會出現。1992年當他在倫敦面對三家酒店的選擇時，他就選了格洛斯特，因為它坐落在永久產權的土地，另外兩家屬於租賃土地。

▶盈利能力

　　即使價格便宜、地理位置優越，如果收益不佳，郭令明也不會收購。他告訴《華爾街日報》：「有些人買了虧損的酒店，希望能轉虧為盈。我們不相信這個。」相反的，他對酒店的交易固執且嚴謹，「價格可以很便宜，但如果它沒有現金流，那就不行。」如果第一年未計入債務前的收益率，沒達到買價的至少10%，他又認為幾乎沒有改善的餘地，那他就不會接受。正如他當時的財務顧問鐘世平告訴《華爾街日報》，「他不理會建築本身的結構，他最為人所津津樂道的提問是：『營業毛利是多少？』」

資深酒店經營者、洲際酒店前亞太區總裁丹尼爾·德巴耶說，郭令明把房地產市場的觀點帶到酒店業，「他從每平方英尺的角度來看待酒店的盈利能力，酒店的每平方英尺都必須產生收入。舉例來說，儘管酒店大堂占據了大量空間，傳達富麗堂皇的感覺，但卻未能真正創造收入。他是最早一批將大堂面積縮小、限制沒有收入產生指數（RGI）空間的酒店業者。」

　　在翻新新加坡烏節酒店（Orchard Hotel）時，郭令明特意縮小了大堂面積，將空間分配給餐飲店。德巴耶補充道：「對他來說，每樣東西都有金錢價值。在歐洲，我們不會以這種方式來衡量每一分錢，他將房地產那套用到酒店，這在許多酒店集團並不常見。」

▶酒店管理

　　在郭令明以業主身份大舉進軍酒店業時，他在很大程度上還不是酒店管理業者。早期的時候，他的城市發展酒店還未創建屬於自己的品牌，就像萬豪酒店（Marriott）和假日酒店（Holiday Inn）那樣。不過他有這方面的雄心。他說：「我們的願景是創建像希爾頓、喜來登或凱悅這樣的連鎖酒店。」為了確保他所購買的酒店能夠迅速實現盈利，他的原則之一就是在收購酒店的同時簽訂管理合約。因此業內專家認為城市發展更像是投資者，而不是酒店經營者。房地產公司美國仲量聯行（Jones Lang Wootton

USA）的董事道格拉斯・赫徹（Douglas P. Hercher）1995年在《紐約時報》這麼說：「他們發現酒店市場很有吸引力，而且價格偏低，不過他們的酒店由外人經營。」

郭令明希望在最短的時間內建立自己的酒店帝國，但他不是一個有耐心的人，所以他沒有興建酒店，而是通過積極收購，以便立即產生現金流。他在2000年對《商業時報》說：「收購現成的酒店更好、更便宜，尤其是它們已經產生正現金流時更好。」他在1992年底收購倫敦格洛斯特酒店時，讓酒店業界大吃一驚。《華爾街日報》引述一位不願透露姓名的投資顧問的話說：「所有人都認為他瘋了。不過這是一筆極具前瞻性的交易，在大家都認為市場將一蹶不振的時候，他買到好的資產。」

兩個月後，他收購了香港的日航酒店，再過一個月又收購了馬來西亞吉隆坡的麗晶酒店（Regent Hotel）。在短短四個月的時間內，郭令明利用全球低迷的市場環境，讓他的酒店數目增加了50%。他並不看重任何特定市場。正如他告訴《華爾街日報》：「我父親看好亞洲，我則放眼全球。」1993年中，他同新加坡前副總理吳慶瑞的諮詢公司簽訂了一份協議，進軍中國酒店業；吳慶瑞曾在中國改革開放期間擔任中國政府顧問。

城市發展酒店以前所未有的速度擴張，在1993年，幾乎每個月都傳出它增添新酒店的消息。郭令明像一個饑腸轆轆的發展商，以驚人的速度收購酒店。到了1993年7月，他已不再滿足於一口吃飽，而想吃大份的自助餐，他在紐西蘭這個看似平淡無奇

的市場找到機會。

城市發展酒店收購了QINZ控股公司的70%股份，獲得紐西蘭最大連鎖酒店的多數股權。QINZ是紐西蘭優質酒店（Quality Hotels）的控股公司，而優質酒店是一家連鎖酒店。郭令明說：「老闆急於脫手，我也很好奇，問了他很多關於這家酒店和紐西蘭的問題，然後決定去看看。大家都笑我，說這是一個羊比人還多的國家，誰會住你的酒店呢？」由於優質酒店所在的所有土地都屬於永久產權，郭令明很快就達成了協定。

一個月後，他在紐西蘭收購君門國際企業有限公司（Kingsgate International）的五家酒店，和幾幅在主要旅遊區的地段，擴大當地業務。同月，他又收購另一家酒店，並開始興建多一家酒店。僅僅在兩年的時間內，城市發展酒店就成為紐西蘭最大的酒店經營商，擁有20家酒店和2598間客房。1995年，新加坡一家小報評論說，郭令明買酒店就像「在菜市場買菜」。

郭令明不執著於追求某個類型的酒店。他在2014年的一次採訪中，他分享道：「有一回我問先父，為什麼不把自己定位為豪華項目開發商？他說：『何必那麼傻呢？任何能賺錢的事情你都應該去做，豪華、中端、低端，把網撒得更廣一些。』這是正確的策略，有些人只是為了彰顯個人魅力而專注於豪華專案。但訣竅是，三星級酒店比四星級更賺錢，四星級酒店又比五星級更賺錢。我選擇把我的網撒得更廣，這樣我就能獲得更好的利潤並分散風險。」

這位務實的商人完全不注重地位的象徵，他關注的總是盈利，而不是上頭條新聞。他的酒店王國橫跨亞洲、大洋洲和歐洲三大洲。新加坡商人沈財福說，新加坡是小國，而他卻令人印象深刻，「他是一位有遠見的企業家，也是少數把我們的旗幟插到世界各地的新加坡人。」

　　同為新加坡房地產大亨的黃志達稱讚道：「全球化方興未艾，他已經在全球展開收購，非常有遠見。他巧妙地進軍我們不熟悉的市場，似乎更有把握去發掘並投資一些非常好的房地產。我們對這些市場完全不熟悉，所以就繼續守著我們的業務。我認為他很有膽識和遠見。」郭令明很快就將目光投向了世界頭號經濟體和超級大國——美國。

第八章

紐約、紐約

> 「他們沒有官僚作風。如果他們覺得喜歡，就會迅速作出決定。」
>
> ——千禧希爾頓酒店總經理蘇珊・G・里奇（Susan G. Ricci）
> 在《紐約時報》就城市發展酒店的收購戰略發表看法

*（歌詞）
先放出風聲
我今天就要啟程
我要成為這城市的一份子
就是紐約，紐約啊！

　　紐約，紐約。郭令明對紐約的一切都有共鳴。他鍾愛城市，避開郊外。沒有哪個城市比大蘋果（紐約的暱稱）、哥譚市（以紐約為背景虛構的城市）、世界之都更宏偉、更有氣勢。儘管郭令明在很大程度上屬於類比（analogue）時代的人物，但他追求速度，要求以數位時代的速度取得成果。每次被問到何時是最後期限時，他總是喜歡回答「昨天」。華爾街、百老匯和時代廣場

第八章 紐約、紐約

的節奏，恰好符合他內心的節奏。他對黃金地段著迷，世界上沒有比曼哈頓更負盛名的郵區了。在過去，電話區號212代表一切的核心，很少有地方能僅僅通過電話區號來辨識。

這雙愛到處溜達的鞋子渴望去流浪
展開全新的旅程
就是紐約，紐約啊！

當郭令明在1989年開始建立他的酒店帝國時，他希望能在紐約立足。他說：「紐約永遠是一個金融中心。雖然它並不是時時刻刻都有活力，但我始終認為紐約是一個必須插旗的地方，只是要在對的時間，以對的價格。」

就在同一年，一位出生於西西里島的紐約藝術家阿圖羅・迪・莫迪卡（Arturo Di Modica）選擇在紐約證券交易所外面卸下一座11英尺高、7100磅重的衝鋒公牛銅像。他沒有申請任何許可，只是把他的遊擊藝術作品置於曼哈頓下城一棵巨大的聖誕樹下，然後就離開了這名藝術家製作的「衝鋒公牛」象徵美國在1987年股市崩盤後堅韌反彈，他希望這座雕塑能「提醒所有人看到美國的力量。」

這件藝術品成為郭令明心中永恆的紐約形象。他說：「每當我想到紐約市，首先想到的就是公牛。」在莫迪卡的啟發下，郭令明以新加坡人和自己的方式擁抱美國，實現他在美國的影響力。

> 我要在這個不夜城中醒來
> 然後發現我就是山丘之王
> 站在那制高點

他看中了位於曼哈頓中城麥迪遜大道的赫姆斯利皇宮酒店（Helmsley Palace Hotel）。該酒店由維拉德大宅（Villard Houses）的一部分組成，是當地政府保留的19世紀地標性建築。酒店一度非常受歡迎，據說曾因為客房爆滿，不得不拒絕當時的威爾士親王、當今的查爾斯國王入住。但是在1990年，它開始出現問題，酒店業主赫姆斯利家族陷入財務困境，酒店被接管。

1993年，郭令明出價1億8000萬美元要收購，但被汶萊蘇丹以2億零200萬美元買走。對郭令明在曼哈頓叱吒風雲的雄心壯志來說，這個挫折只是一段小插曲。

小城的憂鬱漸漸融化
我在這歷史悠久的紐約，將有個嶄新的開始

第二年，也就是1994年，他在紐約取得突破性進展，在曼哈頓市中心買下千禧酒店（Millenium Hotel），「衝鋒公牛」雕塑近在咫尺。房地產大亨彼得・卡利科（Peter Kalikow）故意拼錯了這家酒店名字，去掉一個「n」，希望在眾紐約酒店中脫穎而出，卻以失敗收場。酒店在1992年開業不久便告破產，銀行和經

第八章 紐約、紐約

紀人積極為它尋找買家。

儘管郭令明來自島國新加坡,但是他在歐洲、亞洲和紐西蘭的收購經驗,讓他絲毫不覺得自己渺小。他在酒店業已經贏得聲譽,他在1996年的一次媒體採訪中指出:「因為我們有地位,很多人來敲門,提供很多收購機會。但我們不會為了湊數而買,必須經過深思熟慮。」

**如果我在那裡(紐約)做得到
我在任何地方都做得到
全看你的本事!
紐約,紐約!**

對郭令明來說,千禧酒店是一筆划算的交易,但可能也只有他這麼認為。房地產大亨卡利科當年花了2億1000萬美元買下它,郭令明卻只用了不到一半的價錢,而且酒店幾乎是全新的。1987年股市崩盤後,市場的潛在買家稀缺。那些從發展商或業主手中強制接管房地產的銀行,很歡迎郭令明這樣的買家。畢竟,約50名競標者在評估千禧酒店以後都選擇放棄。據《華爾街日報》報導,市中心行情蕭條,這家擁有561間客房的酒店到了週末幾乎沒有生意。

郭令明看到其他人沒有發現的機會。曼哈頓市中心只有另外兩家酒店,他相信如果能找到一家大型連鎖酒店品牌來經營,情

況可能會很不同。在委任希爾頓酒店經營之後，他以7500萬美元價格收購了這家酒店，並立即要求管理層解決金融區週末入住率超低的問題。他說：「我們要他們思考用什麼策略提高這段時間的入住率，而我們取得了一些成績。」

郭令明凡事講規則——在財務上講規則，對語言也一樣，所以他把酒店的名字更正為準確的「Millennium」，帶有兩個「n」字母。這家酒店在2022年重新命名為紐約千禧市中心酒店（Millennium Downtown New York Hotel）。在將事業推向21世紀之際，郭令明將「千禧」這個名字作為他在全球酒店帝國的品牌，確實是個適時的選擇。他終於在紐約留下了印記，並準備就緒在其他地方大展拳腳。

紐約啊！紐約
我要在這個不夜城中醒來
然後發現我居首位、登上頂峰、傲視天下
山丘之王

首戰告捷後，郭令明很快又取得下一場勝利，他北上來到曼哈頓中城著名的時代廣場。收購千禧酒店的幾個月後，他得到收購紐約另一家酒店的機會——麥克洛酒店（Hotel Macklowe）。這家酒店的是一位著名的房地產開發商，哈里・麥克洛（Harry Macklowe）以自己名字為酒店命名。套用他自己的話說，這座建

第八章　紐約、紐約

築具備「永恆之美」。大堂以木材和黑色大理石鋪設，與灰黑色的長毛絨地毯形成鮮明對比。而郭令明也很快發現到了這座建築的魅力和價值。

酒店在1989年開業時，贏得美國媒體的普遍讚譽。《紐約時報》稱讚它「氣派非凡」，建築評論大師保羅・高柏格（Paul Goldberger）稱讚它是「紐約最值得自豪的不朽作品」。《洛杉磯時報》的一篇評論則稱讚該酒店「具備大型連鎖酒店的所有豪華設施，卻絲毫不落俗套。」

然而，就在麥克洛斥資1億9000萬美元建造他夢想中的宮殿時，他的其他房地產卻拖欠巨額債務。幾年後，他珍貴的新酒店被債權人沒收。1994年10月，郭令明以9600萬美元買下了這家僅五年的酒店。《紐約時報》報導：對這名新加坡人來說，這家酒店物美價廉，他並不怕出價比美國對手高。酒店估值服務諮詢公司（Hospitality Valuation Services）高級副總裁弗蘭克・多爾蒂（Frank Dougherty）說：「他們跟許多美國連鎖酒店競標……而且每次出價都更高。」一位不願透露姓名的酒店經營者在1996年告訴新加坡《商業時報》：「這傢伙擅長在商業景氣週期低迷時抄底。」郭令明就是登上頂峰、傲視天下的「山丘之王」。

小城的憂鬱已經完全消散
我在這歷史悠久的紐約，將有個嶄新的開端

帝國酒店

第三部分

　　囊獲麥克洛酒店一年後，郭令明去參觀他新買的酒店。當這位精明的商人站在外面欣賞這座美麗的酒店時，目光被旁邊報業公會大樓（Newspaper Guild）上的「待售」牌子吸引住。那是一幢三層樓的普通建築，與現改名為紐約時代廣場千禧酒店（Millennium Times Square New York）的麥克洛酒店相比，簡直是小巫見大巫。但他還是很感興趣，詢問了價格。當他得知這棟樓已經賣掉時，他說：「哦，好吧。沒關係，沒關係。」之後便把這件事給忘了。

　　幾個月後，在1996年的另一次紐約公幹時，郭令明看到那棟小樓仍然掛著「待售」的牌子。他驚訝地問：「為什麼牌子還在？」物業經理告訴他：「交易告吹！」郭令明立即抓住機會，雷厲風行地聯繫上經紀，說：「我今天就可以完成交易。」他的速度比紐約人更快。當天，他僅以340萬美元的價格完成了交易。

　　他買下這棟大樓的使用權，並將它重新開發成時代廣場千禧酒店的副樓，高22層，共有130間客房。千禧首選酒店（Millennium Premier）1999年開業，在歷史悠久的紐約又有了新開始。郭令明總是能以低價發現到優越專案，他的經典策略又一次震撼商界。

如果我在那裡（紐約）做得到
我在任何地方都做得到
全看你的本事！
紐約，紐約！

第八章 紐約、紐約

　　位於時代廣場千禧酒店和千禧首選酒店之間，還有一小塊讓郭令明十分著迷的寶地。坐落在此的酒店，裡面的哈德遜劇院（Hudson Theatre）是現存最古老的百老匯演出場所之一，前業主將它改建為酒店的活動空間。郭令明在2017年接管後，重新開放劇院。在2022年中撰寫這篇文章時，哈德遜劇院正在上演由紐約娛樂界夫妻檔馬修・布羅德里克（Matthew Broderick）和莎拉・潔西嘉・派克（Sarah Jessica Parker）主演的喜劇《幸福大飯店》（Plaza Suite）。這就像是一曲遲來的頌歌，讚頌郭令明在紐約繼千禧酒店和麥克洛酒店之後，又收購了廣場酒店（The Plaza Hotel）──這是最讓他在紐約聲名大噪的收購。

　　正如美國知名男歌手弗法蘭克・辛納屈（Frank Sinatra）在他的經典歌曲《New York, New York》中所描述：「如果你能在世界之都（紐約）做到，你就能在任何地方做到。紐約，紐約。」郭令明在曼哈頓繼續伺機而動。

　　這就是：紐約，紐約。

第九章

廣場酒店

「郭令明到底是誰？」

——1995年12月《財富》雜誌

    廣場酒店（The Plaza Hotel）可說是成功吸引了眾人的目光。要在紐約這個既有自由女神像又有帝國大廈等著名地標的大都會中受到注目並不容易，但廣場酒店在1890年代到2020年代的一個多世紀以來，始終是人們目光的焦點，不可撼動。大多數紐約人都自呼它「廣場」，它的外牆由佛蒙特大理石和乳白色陶土磚堆砌而成，散發著絲絲歷史氣息，讓世人無法對它視而不見。這或許也是因為它的地點絕佳，就位於曼哈頓的交匯點，北面是中央公園、西面是第五大道。這裡有舉世聞名的都市開放空間，也有堪稱世界最奢華的購物街，是持續展現魅力，與休閒空間融為一體的地方。

    自1907年開業以來，這家酒店就離不開炫麗、浮華，甚至流言蜚語。第一位走進酒店奢華的青銅旋轉門的客人，是阿爾弗雷

第九章 廣場酒店

德·格溫·范德比爾特（Alfred Gwynne Vanderbilt），他是美國最富裕的人之一。暢銷書獲獎作家裘莉·薩托（Julie Satow）在《廣場》（The Plaza）一書中將酒店形容為「以摩天大樓比例建造的法國文藝復興時期的城堡」。酒店向來接待富豪和名人，大理石大堂採用洛可可（rococo）建築風格裝飾，美國作家法蘭西斯·史考特·費茲傑羅（F. Scott Fitzgerald）曾在大堂外的普利策噴泉（Pulitzer Fountain）夜泳，並在其經典小說《大亨小傳》（The Great Gatsby）中，將一幕高潮場景設在廣場酒店的一個房間內，展現1920年代大蕭條之前的浮華與享樂主義。

第二次世界大戰後，廣場酒店仍繼續出現在眾多文學作品當中。1950年代，凱·湯普森（Kay Thompson）的《艾洛思》（Eloise）童書系列的主人翁，就住在酒店頂樓的房間裡。很快的，廣場酒店也出現在電影世界，阿爾弗雷德·希區考克（Alfred Hitchcock）的經典影片《西北偏北》（North by Northwest）就取景於此。後來的《小鬼當家2》（Home Alone 2），麥考利·卡爾金（Macaulay Culkin）與唐納·川普（Donald Trump）在廣場酒店的大堂上演了一場戲。當然，這座奢華的建築在現實生活中也有不少名人到訪，麥可·傑克森（Michael Jackson）就曾是這裡的客人；豔星瑪麗蓮·夢露（Marilyn Monroe）在這裡召開新聞發布會時，還發生洋裝的細肩帶突然斷裂的驚豔小插曲。美國人在這裡第一次見識到了披頭四的狂熱，這個英國四人樂團1964年在美國首次巡演時就下榻這家酒店。《紐約時報》在1995年寫

道，廣場酒店一直是「紐約富麗堂皇的象徵」。1985年，全球最富裕的國家的代表聚集在這座大樓，並達成了一項具有里程碑意義的協定——《廣場協定》（Plaza Accord），以應對不斷波動的美元幣值，讓這家酒店被永久寫入全球金融史之中。從文學到娛樂，從商業到地緣政治，廣場魅力四射，以其璀璨的光芒和重要的意義吸引著人們。正如英國記者和旅遊作家斯蒂芬·格雷厄姆（Stephen Graham）所描述的那樣，當人們看到白色建築掛著數千盞吊燈時會驚歎不已。他在1927年的《紐約之夜》中寫道：「夜幕降臨時，人們站在公園內驚歎不已。層層疊疊的不規則光影讓人聯想到全人類都生活在一座建築中。這無疑是紐約最動人的人文景觀之一。」

然而，1987年股市崩盤和1990年伊拉克入侵科威特，導致美國在1990年代初陷入經濟衰退，廣場酒店也面臨財務困境。它的業主於1992年將酒店轉讓給債權人。花旗銀行獲得了最大的份額，但在低迷的市場中，該銀行很難找到願意接手這座紐約標誌性建築的買家。在長達兩年的時間裡，花旗銀行的努力都以失敗告終。

隨後在1994年，曼哈頓圈內人士留意到一個重要的酒店買家——城市發展酒店國際有限公司。這家不太為人所知的新加坡公司是城市發展的子公司。城市發展不僅收購了曼哈頓市中心的千禧酒店（Millenium Hotel），還買下中城的麥克洛酒店（Hotel Macklowe）。該公司的掌舵人同樣是一位當地聞所未聞的億萬富

第九章　廣場酒店

翁，他的名字是郭令明。《財富》雜誌1995年的一篇報導，在標題中稱郭令明為「神秘人物」。

當花旗銀行找上他時，郭令明知道這正是因為他的低調。他立即對這個機會產生興趣，但並非被這家酒店的迷人魅力和宏偉氣勢所吸引。他的反應也很務實。他在《廣場》一書中告訴薩托：「花旗銀行的一位主要銀行家找到我，讓我去看看廣場酒店。」考慮到酒店的地點和歷史意義，他認為該酒店「具有創造巨額利潤的潛力」。這位銀行家就是後來成為巴基斯坦總理的肖卡特・阿齊茲（Shaukat Aziz）。郭令明飛到紐約考察酒店，他在接受本書採訪時說：「當然是出於好奇。」

對眼前所見，郭令明甚是滿意並讚歎：「它好宏偉，是一家漂亮的酒店。」當阿齊茲再次打電話給他時，他已準備出價。當時，這位銀行家正為有兩個買家而左右為難。在經歷了兩年的空白期後，出人意料地又出現了一位潛在買家有興趣跟郭令明合作，他就是沙烏地阿拉伯的阿爾瓦利德・本・塔拉勒王子（Prince Alwaleed bin Talal），這位億萬富翁同時也是花旗銀行的最大股東。與郭令明不同的是，這位王子在西方富豪圈子裡的知名度要高得多。他在1991年買了5億9000萬美元的花旗銀行股票，震驚整個金融界，隨後又持有歐洲迪士尼（Euro Disney）、薩克斯第五大道（Saks Fifth Avenue）和四季酒店（Four Seasons Hotel）的股份。《經濟學人》戲謔地稱這位沙烏地阿拉伯第一任國王阿卜杜勒・阿齊茲（King Abdulaziz）的孫子為「沃倫・阿爾

巴菲特」（Warren Albuffett，譯者按：把Warren Buffett的名字中東化，即中東版股神）。

阿齊茲向郭令明提出了一個「特別要求」，希望他能考慮跟這位王子合作。郭令明回憶道：「他說：『我不想得罪我的股東花旗銀行。你能考慮一下嗎？』」這個遲來的介入者，讓這位新加坡人重新考慮他的計劃。郭令明原本打算單獨行動，但既然現在有了合作夥伴這個選項，也不失為一個好主意。他說：「我記住父親給我的忠告。我剛買了很多酒店，最好不要過度擴張。」同時，跟這位新面孔合作可以打開通往新關係和新機遇的大門。一向務實的郭令明說：「這次奇遇讓我可能結識阿爾瓦利德王子，誰知道接下來會有怎樣的發展呢？」

首次會面，王子派出私人飛機，把郭令明從倫敦接往沙烏地阿拉伯的利雅德。王子親自到機場迎接他，郭令明說：「這些王子非常有趣，他們總喜歡自己開車。」儘管過了這麼多年，他仍然覺得這很有趣。午夜時分，他們驅車前往沙漠中央的一個大帳篷，在阿爾瓦利德手下的見證下舉行第一次會議。郭令明說：「感覺上就像在拍電影。這真是一次奇妙的經歷。」王子給他留下了深刻的印象，他說：「他是個好人。」

年僅40歲的阿爾瓦利德也對這位54歲的新加坡人印象深刻。他告訴《星期日評論》：「我個人非常欽佩郭先生的能力，即使是最複雜的交易，他也能直搗問題核心，然後迎刃而解。」郭令明搭乘同一架王子的私人飛機回國，沙特皇室還送了他一份

第九章 廣場酒店

非比尋常的禮物：一把鍍金的AK-47突擊步槍，不過槍上的撞針（firing pin）已被除去。他說：「我一定是新加坡唯一擁有AK-47的人。」這支槍至今仍擺放在他的辦公室裡，讓他引以為傲。

1995年4月，郭令明和阿爾瓦利德完成了收購廣場酒店的交易，這讓許多美國人大吃一驚，因為他們對這位新加坡企業人士並不熟悉。《財富》雜誌寫道：「你很可能聽說過阿爾瓦利德·本·塔拉勒·本·阿卜杜勒阿齊茲王子（Prince Alwaleed bin Talal bin Abdulaziz），他是花旗集團的主要投資者，連同Investcorp一起擁有薩克斯第五大道的一大部分股份。但郭令明到底是誰？」更讓人瞠目結舌的是這家新加坡─沙特合資企業為這個紐約地標所支付的價格是3億2500萬美元。郭令明和阿爾瓦利德絕對是撿到了便宜。這比上一個業主在七年前、也就是1988年支付的價格少了8300萬美元。郭令明在1995年接受路透社採訪時說：「當市場跌到谷底沒人敢買的時候，我就進場。」

這筆交易非常複雜。從根本上說，郭令明和阿爾瓦利德同意將廣場酒店的債務從3億多美元減到約2500萬美元。作為交換，他們各自獲得約42%的股權，其餘16%股權歸花旗銀行所有。兩人在幾年後收購了花旗銀行所持的股份，雙方各持股50%。之前的潛在買家擔心這家瀕臨倒閉的酒店會涉及巨額翻新費用而止步，但郭令明和阿爾瓦利德只計劃用2800萬美元進行小規模翻修，而阿爾瓦利德選中他擁有的費爾蒙酒店（Fairmont Hotels）負責管理廣場酒店。費爾蒙酒店總裁羅伯特·斯莫爾（Robert I.

Small）告訴《紐約時報》：「盡量不要去修改偉大的作品。我愛它。為什麼要改變它呢？」

這筆交易一經宣布，就登上了《紐約時報》的頭版新聞，讓郭令明在國際舞台聲名鵲起。一年後，他在倫敦以一貫低調的方式告訴新加坡記者：「廣場酒店一夜之間提升了我們的知名度。」一如既往，他再一次把握了最佳時機。1990年代中期，經濟起飛取代了經濟衰退，郭令明在曼哈頓的收穫正好趕上牛市。正如薩托所寫的：「在他們接管五年後，廣場酒店迎來了最興旺的一年，實現近4600萬美元的淨營業收入。」

然而世事難料，2001年9月11日，恐怖份子劫持兩架飛機撞上曼哈頓南端的世貿中心，導致這一切戛然而止。大部分恐怖份子來自沙烏地阿拉伯，就是阿爾瓦利德的祖國。這位王子將襲擊事件與巴勒斯坦因素聯繫在一起，試圖為襲擊事件辯護，導致到他的形象重挫。儘管阿爾瓦利德捐贈1000萬美元用於援助九一一事件的受害者及家屬，但還是被紐約市長魯迪・朱利安尼（Rudy Giuliani）婉拒了。根據《紐約每日新聞》報導，「朱利安尼市長告訴一位沙特王子，請他收回1000萬美元的捐款。」

在隨後的幾個月裡，紐約旅遊業在襲擊發生後急劇倒退，廣場酒店面臨的壓力也隨之加大。在經歷最好的一年之後，酒店業績在2001年迅速下滑了40%，跌至2700萬美元。到了2003年，廣場酒店越發陷入虧損，稅前虧損達180萬美元。更糟糕的是，最初估算的2800萬美元翻修費用飆升至6500萬美元，而這座宏偉建

第九章　廣場酒店

築更是不斷出現問題。薩托寫道：「漏水是特別棘手的問題。天花板上貼著塑膠防水布，接住滴到大廳的水。訪客如果往柱子後面望去，就會發現那裡也放置了水桶，收集更多漏水。800多個房間當中，有多達30個房間因水漬問題而無法使用，並需要進行其他維修。」

郭令明不想為廣場酒店投入更多資金，他準備出售。跟他的「初戀」統一酒店不同的是，他對廣場酒店沒有感情。他不只一次表示，他不會輕易墜入愛河。1995年買下廣場酒店後，他告訴《財富》雜誌：「我們不是短線投資者，但我們務實。如果兩年後有人出價七或八億美元要收購廣場酒店，我們就會說再見。為什麼要對它感情用事呢？它只不過是一項資產而已。」

九一一事件過後，放手的時機似乎已經成熟。再說，廣場酒店還籠罩著一個他擺脫不了，來自唐納‧川普的陰影。這位美國地產大亨因形勢所逼、不得不把酒店賣給郭令明。

第十章

當川普遇上郭令明

「我買的不是一棟建築。
我買的是一幅巨作——蒙娜麗莎。」

——1988年，唐納・川普談廣場酒店

2015年，唐納・川普從以他命名的摩天樓的金色電扶梯徐緩而下，角逐大膽且不可思議的美國總統職位。在這之前，他還有一個比政治更雄心勃勃的渴望。他從七歲起就對廣場酒店情有獨鍾。這棟讓他憧憬、終究成功獲得的酒店，最後竟然成為他痛苦失敗的標誌。他回想起第一次去這家酒店時的情景：「我只記得那種富麗堂皇的感覺，廣場酒店有一種令人魂牽夢繞的魅力。」

1976年，當川普還是個名不見經傳的小人物時，就已經向當時的業主威斯汀酒店（Westin）提出以2500萬美元收購酒店的獻議。沃德・莫爾豪斯三世（Ward Morehouse III）在《廣場內幕》（Inside the Plaza）一書中寫道，當出價遭拒後，他把價格提高了一倍，但還是不成功。威斯汀的高層人員說：「不行，誰是唐納・川普？」然而川普仍堅持他的兒時夢想，這一點全世界在多

第十章 當川普遇上郭令明

年以後都知道了。但畢竟那是他童年的迷戀，當他最終在第五大道建造川普摩天樓（Trump Tower）時，他特意確保他在第26層樓的辦公室，可以看到廣場酒店銅綠色的人字形屋頂。1988年，他告訴《紐約時報》：「我愛上它，只要能得到廣場酒店，我可以不顧一切。」

確實如此。威斯汀在1987年10月黑色星期一華爾街崩盤之前就迫不及待地想要脫售，黑色星期一加快了這家連鎖酒店脫售的腳步。1988年，在眾多意向買家中，川普以4億零750萬美元高價買下廣場酒店，即每間客房49萬5000美元，比酒店的預期收益高出超過25倍。他知道這次收購行動是意氣用事，為情感所主導，甚至《紐約》雜誌的全版廣告中承認：「這是我有生以來第一次在知情下，做出一筆沒有經過經濟效益評估的交易。」裘莉．薩托（Julie Satow）在她的著作《廣場》（The Plaza）中說，這次收購體現了紐約在1980年代狂妄的資本主義現象，她寫道：「交易價格高得驚人，川普又自吹自擂，這筆交易體現了80年代的狂妄自大。在那個時代，貪婪當道，誇張、特大號的墊肩和蓬鬆、顯得髮量多的髮型更是風靡一時。」

川普的所有資金都來自貸款，他還另外借了一筆錢來支付交易費和裝修費。這種冒險行為在後來給他帶來麻煩。銀行當時紛紛為他提供資金，其中以花旗銀行最多，提供的貸款總額高達4億2500萬美元。川普一位不願透露姓名的前同事告訴《浮華世界》（Vanity Fair）雜誌：「你簡直無法相信銀行會向我們砸這

麼多錢。我們每做一筆交易，就會有六到八家銀行願意提供數億美元的貸款。」廣場酒店成了川普帝國皇冠上的明珠，一座高級奢華的閃亮宮殿——巨大的花卉擺設、酒紅色的地毯，還有金色、金色、大量的金色。它迅速成為紐約小報八卦和報導的焦點。酒店經理告訴薩托：「每個人都想來廣場酒店，豔星金‧貝辛格（Kim Basinger）、威爾斯親王、拳王邁克‧泰森（Mike Tyson）。」

過不了多久，美國房地產市場在1990年代初崩潰，麻煩也隨之而來。川普欠下數10億美元的債務，很快就失去了他的遊艇、私人飛機、川普航空公司和紐約君悅酒店的股份，而讓他最悲痛的，是失去了他的蒙娜麗莎。到了1992年，花旗銀行已經從川普手中接管了廣場酒店。銀行借給他的，銀行又收回。

對於曾將廣場酒店譽為「全世界至高無上的獎盃」的川普來說，這次挫折尤其令他痛苦。但他和他的副手們絕對不會悄然無息的退場。不服輸是川普幾十年來磨練出來的特質。他相信，如果能比花旗銀行更快找到廣場酒店的買家，他就有可能說服新業主讓他來管理酒店，或者至少讓他扮演一定的角色，這也是他保全面子的退路策略。於是他找上香港最大發展商之一的新鴻基。川普和他的團隊對香港的郭氏家族展開了猛烈的追求攻勢，但郭氏家族最終還是選擇放棄投資，因為他們在入住廣場酒店的總統套房時，房門卡住了，不得不將它撬開。這對川普和他的團隊來說，是一大挫敗。

川普很快便轉移目標，從香港的郭氏家族，轉向新加坡的郭

第十章 當川普遇上郭令明

氏家族。當他聽說花旗銀行已與郭令明接觸，而阿爾瓦利德・本・塔拉勒王子也有興趣合作時，便將火力集中向新加坡投資人展開討好攻勢。他的得力助手亞伯拉罕・瓦拉赫（Abraham Wallach）告訴川普，得迎合郭令明。瓦拉赫告訴薩托：「我對川普說，『我認為你和他見面會有好處，看看能否達成一項協定，讓你成為他的合作夥伴』，你繼續管理酒店，你的角色基本不變，只不過是你會有一位合夥人，沒有人真正關心這個合作夥伴是誰，因為他們只會知道川普。」郭令明同意在倫敦與川普會面。會面之前，花旗銀行的肖卡特・阿齊茲（Shaukat Aziz）給了郭令明三個建議：

・川普受了傷，他在做困獸之鬥，不宜進一步激怒他；
・川普在紐約的人脈依然很廣，不宜與他為敵；
・川普很自負，讓他保住面子，安撫他。

亞洲商人一向精通給面子的藝術，郭令明知道該怎麼做。當他抵達倫敦蘭斯伯勒酒店（Lanesborough Hotel）參加兩人的早餐會時，川普已經在大堂等候。他試圖立即讓這位新加坡人留下深刻印象他說：「我剛剛為超級名模艾勒・麥克法森（Elle Macpherson）簽名。」但郭令明一點都不覺得興奮。多年後他回憶起這段往事時，以完全不感興趣的平靜口吻說：「聽說過這個名人。」川普施展魅力攻勢，送他一本親筆簽名的暢銷書《川

普：交易的藝術》。在點早餐時，他微笑著對郭令明說：「你吃什麼我就吃什麼！」

然而，他們的共同點僅止於對早餐的喜好。儘管兩人都是全球房地產和酒店業的巨頭，但他們對生活和工作的態度卻截然不同。

- 川普陶醉於物質與風格，沉迷於私人飛機的奢華，和名人關係的魅力。
- 郭令明低調內斂，喜歡安靜地吃飯、打網球並乘坐商務民航機。
- 川普喜歡熱鬧的派對，尤其是在廣場酒店的派對，那裡的海洛因等毒品泛濫，經常有許多女孩陪伴。
- 郭令明必須在午夜12點前上床睡覺，有一次他在接受媒體採訪時開玩笑地稱自己為「灰姑娘」。
- 川普往往以情感做商業決定，如購買廣場酒店。
- 郭令明在權衡出價時，一貫偏重理性。
- 川普的事業建立在金融槓桿之上，創造了一個以債務撐起的帝國，這就是他失去廣場酒店的原因。
- 郭令明深知不可過度借貸，他謹慎選擇合作夥伴以保持可控的貸款額度。這就是他贏得廣場酒店的原因。
- 川普滔滔不絕。
- 郭令明沉默寡言。

第十章 當川普遇上郭令明

在倫敦時，郭令明對川普的第一印象是怎樣的？郭令明說：「他話很多。」兩人並不合拍，他們在氣質和作風上相去甚遠。川普不斷催促郭令明讓他成為廣場的合作夥伴，但郭令明知道川普的帝國就要垮掉且近乎破產，於是婉言謝絕。川普於是改變策略，問郭令明能否讓他繼續管理酒店。郭令明再次拒絕，表示這份工作將由阿爾瓦利德的費爾蒙連鎖酒店集團接手。不過，他想到阿齊茲的建議，於是給川普一個下台的台階，讓他擔任廣場酒店的顧問，每年象徵性地得到一筆報酬。郭令明說：「這是為了安撫他。」

此外，川普也要求，如果廣場酒店的頂樓要改建成頂層公寓，他希望參與其中。他對郭令明說，他認識紐約市的相關部門，可以為改建鋪平道路。郭令明回答說：「嗯，這是個好主意。」如果頂層公寓的計劃得以實現（後來並沒有），川普將獲得利潤分成；如果郭令明在七年內出售酒店（後來並沒有），川普將獲得一小筆酬金。郭令明告訴作者薩托：「在與川普談判時，我是一個很好的聽眾。他希望繼續管理酒店，並入夥合資企業。我們最終縮小了他所扮演的角色。」一切都很順利，郭令明就像一位功夫大師，巧妙地化解了對手的招式，卻沒有傷害到對方。

郭令明比較喜歡阿爾瓦利德。他說：「應付唐納·川普，你需要兩頭亞洲虎。他們確實遇到難搞的情況。川普未能說服郭令明選擇他後，決定給這家合資企業製造麻煩。當郭令明和阿爾瓦

利德的高管齊聚紐約討論相關交易時，川普在當中安插了一名間諜。高管們在廣場酒店的范德比爾特套房（Vanderbilt Suite）開會時，川普的助手瓦拉赫就躲在假牆後面的密室裡偷聽。瓦拉赫在《廣場》書中說：「沙特那邊的高層和郭令明那邊的高層都來到紐約。他們決定住在哪裡？竟然住在仍由川普擁有和經營的廣場酒店，他們太愚蠢了，怎們能住在他的酒店卻若無其事？」

瓦拉赫在狹窄的空間躲了10天，目的就是製造麻煩阻撓交易。當他聽到新加坡和阿拉伯潛在買家在討論貸款1億美元收購酒店時，瓦拉赫也打了通電話給同一家銀行，要求對方為廣場酒店提供類似的1億美元貸款，把銀行給弄糊塗了。川普甚至使出幼稚的伎倆，撥打緊急電話虛報廣場酒店著火了。瓦拉赫說：「你聽到著火了！然後消防員從59街和第五大道拿著斧頭和水管衝進大樓，所有人都被要求撤離大樓，製造一個「大樓結構有問題」的疑點。亂糟糟的日子持續了好幾天，參與新項目談判的兩個團隊不得不搬到另一家酒店。川普為自己的舉動感到自豪。他告訴《華爾街日報》：「我把它（花旗銀行）逼瘋了，我所造成的影響，說出來你也不會相信。」

花旗銀行發現是川普在惡作劇後恫言，如果他繼續阻撓郭令明和阿爾瓦利德，銀行就會扣住他的其他交易。川普這才妥協。這個時候，這兩頭亞洲虎才成功買下酒店，價格比川普在七年前支付的少了8300萬美元。川普這筆感情用事的收購，最終證明是一個代價高昂的錯誤。郭令明還施展最後戰略。在親眼目睹川普

第十章 當川普遇上郭令明

這些惡作劇之後，他要確保新專案免受更多類似干擾。這位新加坡人堅持要花旗銀行繼續成為這項交易的股權合夥人，確保這家作為川普主要貸款人的銀行，能夠鉗制這個麻煩製造者。

就這樣，郭令明不斷擴張的全球酒店帝國獲得一顆璀璨明珠，但他承認對廣場酒店的態度還有所保留。這是因為：「川普的耳目還在酒店裡，每次入住廣場酒店我都會保持謹慎。」當被問及他是否害怕被竊聽，他笑著回答說：「誰知道呢？他不是一個我想做生意的對象。」

接下來的幾年裡，川普繼續糾纏著郭令明，希望在廣場酒店扮演更重要的角色，讓郭令明越來越惱火。郭令明在1997年告訴《華爾街日報》：「他想要更多，但受制於當時的環境。」20年過後，川普在2017年擔任美國總統，當時正準備訪問紐約的郭令明還一度擔心，美國移民廳會因為他過去拒絕過川普而故意刁難他。

阿爾瓦利德的情況則完全不同。他經常下榻廣場酒店，並喜歡在酒店大堂開會。他的費爾蒙連鎖酒店因為擁有了一家這麼為人所津津樂道的酒店而受益匪淺。因此，當郭令明在九一一之後想脫售廣場酒店時，阿爾瓦利德則有所保留。郭令明說，除了紐約旅遊業衰退和廣場酒店的翻修費用不斷攀升之外，他之所以想賣掉廣場是因為川普。他說：「因為他的自負，他從未真正放下過廣場。這個人想要主宰一切，而紐約是他的主場。」

阿爾瓦利德最終還是被說服，同意出售廣場酒店，並找到了

一個出價5億美元的買家。這跟他與郭令明掏出的3億2500萬美元相比，是可觀的利潤，但郭令明卻認為，酒店的價值遠不止於此。他有兩個選擇：第一，根據合作條款以5億美元的估價買下阿爾瓦利德的股份，然後再出售獲利，因為他相信廣場酒店有更高的價值；第二，尋找出價更高的買家。他選擇了後者。他說：「我本來可以買下阿爾瓦利德的股份，然後再從中獲利，但這會讓阿爾瓦利德認為我占他的便宜，從他那裡低價買然後高價賣。他會認為我是一個不誠實的合作夥伴，我的聲譽可不只幾億美元。」所以，他請王子給他一些時間，讓他賣個好價錢。

機會在幾個月後上門。2004年的某天，以色列一家大型房地產公司El-Ad Properties表示有興趣購買廣場酒店。鑒於以色列和阿拉伯的敏感關係，要跟阿爾瓦利德接觸是不可能的，El-Ad公司的經紀人斯科特・萊瑟姆（Scott Latham）決定聯繫郭令明。他想方設法弄到了郭令明的私人電話號碼，不揣冒昧給郭令明打了通電話。他接聽電話後，出乎意料地和電話另一端的陌生人聊了三分鐘，然後回應：「哦，他們買不起，我們也不賣。」萊瑟姆要求給他一周的時間來證明他的買家是認真的。

不久，郭令明委派他的副手王鴻仁前往紐約會見萊瑟姆和El-Ad公司首席執行長米基・納夫塔利（Miki Naftali）。這名以色列人成功讓王鴻仁認為他們值得信賴。2004年6月，對方通過傳真發了一份報價到郭令明的辦公室：6億2500萬美元。一周後，郭令明通過傳真回復說，將在7月1日上午11點跟他們會面，地點

第十章 當川普遇上郭令明

是新加坡。以色列人要求改期,但郭令明下了最後通牒:日期和時間都不能改,否則交易告吹。7月1日清晨,納夫塔利和萊瑟姆匆匆從曼哈頓趕到新加坡,於7月1日抵達郭令明在共和大廈的辦公室,正好趕上11點的會議。

郭令明在他的頂層辦公室會見他們,開了一整天的會,包括午餐時間也在開會。中途他還接聽了來自紐約其他買家的電話,他們都得知廣場酒店要出售的消息。萊瑟姆在《廣場》書中說:「我發誓,當我們坐在那裡時,郭令明接到一通電話,他放下聽筒後告訴我們,是一個叫勞埃德·高門(Lloyd Goldman)的人打來。」勞埃德·高門是紐約著名的發展商,不過郭令明繼續跟他的訪客開會。在太陽下山時,他們達成了協定。El-Ad將為廣場酒店支付6億7500萬美元,即每間酒店客房83萬8500美元,這在紐約創下了紀錄,比郭令明和阿爾瓦利德在1995年支付的3億2500萬美元買價高出一倍多。

郭令明打電話給阿爾瓦利德徵詢他的同意晚上8點,雙方簽署了一頁紙的諒解備忘錄。郭令明告訴薩托:「由於他趕著離開,我們結束談判後握手,然後就成交了。」雙方都欣喜若狂。郭令明在新加坡召開的新聞發布會上稱這個獻議「好得無法拒絕」,他說:「酒店需要翻新,我不想再花錢了。」雖然阿爾瓦利德最初有疑慮,但對這次脫售也很高興。郭令明說:「王子非常開心,他邀請我去巴黎,要請我吃一頓大餐。」這筆交易結束了郭令明和川普之間的關係,讓這位新加坡人鬆了一口氣。郭令

明說，此後他沒有再見過川普，也沒有保持聯繫。

2015年當川普發起讓人震撼的美國總統競選活動時，郭令明著實大吃一驚。他說：「我沒想過他會贏。當他獲勝時，我既驚訝又為他感到高興。我猜很多人都認為他很有魅力。」

儘管川普製造的麻煩讓郭令明感到不是滋味，但他對於能擁有這座紐約最精緻的地標長達九年，還是感到驕傲的。時至今日，他仍然認為廣場酒店是他最為自豪的交易。他說：「這是一項非常具標誌性的收購，有一位非常具標誌性的合作夥伴，還有一位更具標誌性的賣家！」

第十一章

插旗全球版圖

「在經濟形勢好的時候,出售國敦酒店簡直是瘋了,這些可是寶貴的資產。」

——1993年,愛爾蘭國會議員奧斯丁·庫里(Austin Currie)
談國敦連鎖酒店

當少女安妮·克萊因(Anne Klein)在愛爾蘭香農(Shannon)機場登機時,她並不知道自己將踏上一段奇異旅程,而這段旅程最終會導致愛爾蘭航空公司(Aer Lingus)出售一項重大資產。事情發生在1995年,這名18歲少女辦理了登機手續,要乘搭短程航班前往鄰近的英格蘭曼徹斯特,但愛爾蘭航空的地勤人員卻把她帶到飛往白俄羅斯明斯克(Minsk)的航班。儘管飛明斯克航班的機組人員發現乘客人數多了一位後提醒機長,但機長選擇繼續飛行。

飛了1500英里的克萊因來到一個陌生的國度,既沒有簽證也沒有護照,很快就被扣留。愛爾蘭航空隨即道歉,並為她安排在明斯克的住宿,然後飛往曼徹斯特。航空公司發言人說:「這樣的事件極為罕見,一旦發生,令人非常遺憾。當我們意識到狀況

插旗全球版圖

第十一章

後，立即竭盡全力糾正處理。然而對商譽的損害已經造成。一位評論員嘲諷地說：「白俄羅斯無疑有許多吸引人的地方，這位少女可以好好利用這次意外的觀光機會。再說，如果你要去的是英國曼徹斯特，那白俄羅斯明斯克反而更有異國情調。」

讓愛爾蘭航空雪上加霜的是，除了媒體大肆報導的這次尷尬事件外，它同時也面臨巨大財務和監管壓力。受歐洲航空業開放和海灣戰爭後經濟衰退的影響，該航空公司多年來一直處於困境。由於負債高達2億4500萬愛爾蘭鎊，股東愛爾蘭政府希望該航空公司能出售非核心資產，而當中最有市場價值的是國敦（Copthorne）連鎖酒店。這家連鎖酒店是英國最大的酒店集團，旗下有12家酒店，其中包括位於倫敦高檔區肯辛頓、有833間客房的塔拉酒店（Tara），以及在歐洲的幾家酒店。歐盟委員會提供的財政援助，取決於愛爾蘭航空是否出售連鎖酒店。

愛爾蘭航空急於脫售酒店，但卻沒人願意購買。由於歐洲房地產和酒店市場低迷，從1993年到1994年底都無人問津，出售酒店的計劃最終因為無人願意支付2億愛爾蘭鎊的要價而撤回。明斯克事件的公關危機，讓愛爾蘭航空公司成為走投無路的賣家，輿論呼籲該航空公司重新將重點放在核心業務上。

這時候，郭令明出現了。他在1990年代展開空前的酒店擴張計劃，1994年當他在洽談購買紐約廣場酒店時，獲知國敦酒店也要脫售。他說：「當時，酒店界已經知道我是認真的買家，不是玩玩而已。當你建立起聲譽後，人們就會先接觸你。他對國敦酒

店很感興趣。雖然他樂得每次交易只買一家酒店，例如千禧酒店（Millenium）和格洛斯特酒店（Gloucester），但他認為這是一個可以在一筆交易中就得到多家酒店的機會，類似他在紐西蘭的成功收購案。但跟位於世界一隅的優質酒店（Quality）不同的是，國敦酒店位於歐洲的中心地帶，近4000間客房將讓郭令明旗下的酒店客房增加35%至1萬4000間，正是他擴大酒店帝國所須的規模。

更重要的是，郭令明判定這是一筆不錯的交易。儘管沒人願意支付愛爾蘭航空開出的要價，但他對國敦酒店收購案做足功課，並暗地裡到訪了其中幾家，發現它們物超所值。這些酒店坐落在黃金地段的永久產權土地，面積大，適合未來擴建或做其他發展。這些酒店的設施也很好，包括游泳池、健身房和水療中心等，對四星級酒店來說算得上奢華。他指出：「如果由我來建，需要花很長時間。現在只需一筆交易，我就能迅速擴張。」國敦連鎖酒店有巨大潛能，愛爾蘭的一位政治家也認同，形容愛爾蘭航空的脫售簡直是「瘋狂至極」（The height of madness）。

如果說賣方暫時失去理智，那麼買方卻是深思熟慮的。從1995年7月起的兩個月裡，城市發展酒店和愛爾蘭航空公司在倫敦和都柏林展開激烈的談判。新加坡方面由郭令明率領，他一貫的風格是爭取以最少的麻煩迅速結束談判。他說：「如果談判一拖再拖，就可能得不到合適的價格。我總是力求迅速行動。你必須在他們走投無路時打鐵趁熱。」

閒聊、晚餐、喝酒，這些都一一略過。他沒有什麼耐心去建

立關係和結交朋友。新加坡人的本色就是務實而高效。他說：「我是個談判專家，無論你喜歡與否，我都會務實地去評估每項交易。我很注重實際業務，不喜歡交際應酬。我也會偷偷去觀察一些酒店。當他們質疑我時，我會跟他們說，如果想證實我的財力，可以去找我的銀行家，他們會證明我是一個認真的買家，我有資金作為後盾。大家別浪費時間。」

談判拖到7月下旬，其他買家也聞風而至，新加坡潛在買方要求簽訂「鎖定」協定，目的是不讓愛爾蘭航空與其他潛在買家接觸。

《愛爾蘭時報》的報導指出，一些美國買家以及一家英國集團也有興趣，當中包括英國的Stakis酒店。該公司當時的首席執行長大衛·米歇爾斯說：「令明擁有現金，所以他能較快完成交易。」但到了8月中旬，愛爾蘭航空和城市發展酒店還是無法達成協定。更糟的是，一個新出現的問題讓事情變得更加複雜。這項交易將使城市發展酒店在英國擁有龐大的酒店數目，除了國敦的12家酒店之外，還有格洛斯特酒店、貝利酒店（Bailey's）和倫敦騎士橋酒店（Knightsbridge），愛爾蘭航空擔心英國的反壟斷法可能導致交易流產，因此希望律師儘快調查與核實，然後再提交董事會做決定。

郭令明忍無可忍，核查需要數周時間，等到愛爾蘭航空召開下一次董事會時，整個過程可能被進一步拖延。他不想再等下去了，因為他很清楚拖慢速度可能妨礙這項交易。他提出了一個建

議：英國反壟斷監管的風險由他來承擔。換句話說，如果城市發展酒店最終被禁止收購國敦酒店，那麼它將負責處置這些資產，愛爾蘭航空收了錢以後就什麼也不必管。航空公司方面，則以優惠折扣價格賣給城市發展酒店。如此一來，皆大歡喜。就算他急於達成交易，但他始終是個精明的商人。他說：「我給了他們一個無法拒絕的方案。」1995年8月31日，最後一個障礙終於排除，郭令明支付2億1900萬愛爾蘭鎊，即3億3700萬美元，完成了項購買16間酒店，改變市場的交易。這是新加坡公司有史以來最大的酒店收購案，也是新加坡公司在英國最大的一筆酒店交易。城市發展酒店在兩年間，成為全球最大酒店買家，震驚整個行業。在這之前，人們從未聽說過這家新加坡公司。收購國敦酒店讓城市發展酒店成為英國第三大酒店業主，郭令明的酒店帝國擴增到53家，遍布亞洲、大洋洲、北美和歐洲的11個國家；同時，也躋身全球10大國際連鎖酒店之列。

　　英國《每日郵報》稱郭令明是「全球收購實力最強的酒店集團」領導者。一名新加坡的分析師在接受《愛爾蘭時報》採訪時也表達了同樣的看法。唯高達峇拉士（Vickers Ballas）投資分析師Leong Chi Meng說：「從他們最近的收購來看，我認為他們是本地區甚至是全球最積極的酒店集團。」即便市場還未走出熊市，觀察家一致認為城市發展酒店收購國敦酒店是撿了便宜，售價低於愛爾蘭航空帳目中的酒店帳面價值。事實上，就在他收購的幾個月後，便有兩家連鎖酒店出價超過3億愛爾蘭鎊，希望他割愛

第十一章　插旗全球版圖

國敦酒店。彭博社寫道：「日本酒店業者在1980年代末，以天價在西方國家購買酒店，結果遇到市場崩潰。城市發展則不同，它試圖以低廉的價格建立一個全球帝國。它的目標是收購價值被低估的物業，進行翻新，然後等待市場出現轉機。」

就在廣場酒店完成交易的一個月後，酒店界確認了郭令明是一位真正的全球酒店大亨，在各大洲都有業務。仲量聯行美國公司（Jones Lang Wootton）董事道格拉斯・赫徹（Douglas Hercher）1995年對《紐約時報》說：「郭令明的個性可能沒有唐納・川普那樣張揚，但他是一位真正的冒險家。能在不到兩年的時間裡在紐約和倫敦買下總值10億美元的酒店的人，都有非凡的身手。」

在將國敦酒店收入囊中之前，郭令明就已經部署了下一步行動。1995年4月，城市發展酒店集團成立了城市發展美國管理公司（CDL-USA Management），為紐約和倫敦不斷增長的酒店業務制定戰略。收購國敦酒店一個多月後，該管理公司宣布，將把歐洲和北美的所有酒店整合到一個品牌名下，並採用統一的標誌。作為酒店擁有者和投資者，城市發展酒店集團在很大程度上樂於讓外人經營大部分酒店，但郭令明希望打造一個可以跟凱悅（Hyatt）和喜來登（Sheraton）等世界品牌齊名的新加坡品牌。

國敦酒店歸入城市發展酒店集團的八個月後，千禧國敦酒店集團（Millennium & Copthorne Hotels，簡稱M&C）在1996年4月於倫敦證券交易所上市，成為第一家在倫敦證券交易所上市的新

加坡公司。正如郭令明在接受媒體採訪時所說的，公司以「渦輪增壓的速度」上市公司名字取自他最大的兩項收購，即紐約的千禧希爾頓酒店和歐洲的國敦連鎖酒店。郭令明以它重新命名旗下的大部分酒店，豪華五星級酒店採用千禧品牌，例如麥克洛酒店（Hotel Macklowe）更名為千禧百老匯（Millennium Broadway），而經濟型酒店則採用了國敦品牌，如統一酒店更名為國敦統一酒店（Copthorne King's Hotel）。

《國際先驅論壇報》報導了這一消息，標題是「一個全球酒店帝國誕生了」。上市是全球新戰略的第一步，千禧國敦酒店也將通過酒店管理合約而不只是直接收購來擴大酒店帝國。換句話說，郭令明的酒店業務，將擴大到利用千禧國敦酒店品牌管理他人的酒店和物業，這與喜達屋（Starwood）和萬豪（Marriott）等全球連鎖酒店的經營策略相似。

這是一次史無前例的嘗試。在亞洲雖然也有成功的酒店品牌，例如馬來西亞郭鶴年的香格里拉酒店、印尼阿德里安‧澤查（Adrian Zecha）的安縵度假村（Aman Resorts），以及新加坡何光平的悅榕莊（Banyan Tree），但還沒有哪家亞洲連鎖酒店是在他人的主場跟美國及歐洲主要品牌抗衡的。郭令明喜歡引領潮流。在千禧國敦酒店上市前夕對媒體說：「與其他酒店經營者相比，我的優勢在於，我不僅懂得酒店，也精通房地產和金融。」從香港到好萊塢，從曼徹斯特到明斯克，城市發展在全世界都留下足跡。

統一大酒店於1970年正式開業，現更名為國敦統一酒店，是豐隆集團進軍新加坡蓬勃發展的旅遊業和酒店業的第一個專案。酒店樓高12層，有175間客房，鎖定中等收入遊客，既是郭令明的「初戀」，也仍舊是他的「最愛」。

郭令明獲頒「1996年度最傑出商人」獎。評審團肯定了他的「遠見和企業成就」。

1998年，在新達城宴會廳舉行的內閣資政李光耀75歲誕辰慶典暨新書發布會上，郭令明接過特別發行版的《李光耀回憶錄》。

1995年4月,在唐納‧川普(Donald Trump)競選美國總統的許多年以前,郭令明連同沙烏地阿拉伯王子阿爾瓦利德‧本‧塔拉勒王子(Alwaleed bin Talal)從他手中買下廣場酒店。時至今日,這仍是郭令明在紐約最轟動的一筆交易。該酒店名氣非凡,名人軼事無數,也曾出現在許多文學作品和電影中。

阿爾瓦利德王子對郭令明印象深刻,送給他一份最不尋常的禮物:一把鍍金的AK-47突擊步槍,槍上的撞針已拆卸。這支槍如今仍在郭令明的辦公室陳列。

Leng Beng, Prince Alwaleed say yes to US$675m deal they can't refuse

Duo rake in fat profit from sale of their famous New York Plaza hotel

By Kalpana Rashiwala

SINGAPORE For hotel and property magnate Kwek Leng Beng and billionaire Saudi investor Prince Alwaleed, there are offers so enticing that even they could not walk away from.

Indeed, the duo have just sold their famed Plaza hotel in New York for US$675 million in a deal that Mr Kwek described yesterday as simply "too good for us to refuse".

The deal will net a handsome profit for the two men, who bought the hotel in 1995 in a high-profile deal that valued the asset at US$325 million.

The hotel is owned equally by Mr Kwek's London listed Millennium & Copthorne Hotels (M&C) and his Saudi partner.

Mr Kwek said the US$675 million sale price exceeded its maximum price expectation of US$500 to US$530 million, or 10 times potentially improved earnings before interest and tax (ebit) of US$50 to US$55 million a year from the historical hotel.

Even in the best of times, in 2000, the hotel used to generate ebit of US$45 million. By changing the guest mix and making other improvements, it may be possible to boost annual ebit to US$50 to US$55 million, Mr Kwek said.

"So we felt this is the right opportunity, right timing," he added.

"He (Prince Alwaleed) is very happy. He has invited me to Paris. He wants to live me a big dinner," said Mr Kwek.

"I am very happy (to announce the sale), although in some ways I'm nostalgic about it. This is an icon and "s facing Central Park," he said of the hotel on Fifth Avenue.

The acquisition in 1995 of the New York landmark frequented by the wealthy and powerful shot Mr Kwek's international fame. His partner in the purchase sent his jet to London to fly Mr Kwek to his palace in Riyadh. Mr Kwek was wooed and he agreed to let the Prince's Fairmont hotel chain manage The Plaza.

The Prince's parting gift to Mr Kwek before he flew back home? A golden machine gun.

Mr Kwek said yesterday of the sale: "Why don't want to be emotional about it? The hotel needs renovation and I don't want to spend money anymore. I want to maximise shareholder value." The 1995 purchase valued the hotel and an adjoining property at US$325 million. A further US$325 million to US$40 million was spent sprucing up the hotel. M&C and Prince Alwaleed have "already taken out some money from the asset", Mr Kwek said yesterday.

The hotel was revalued at the end of last year and some of this went into M&C's books. Analysts suggested that assuming M&C is carrying the hotel at US$435 million in its books, gross profit from the sale before factoring in transaction costs would be about US$250 million.

M&C's half share of this would work out to US$125 million.

More importantly, the sale will release cashflow of about US$430 million, after factoring in outstanding loans on the asset of US$245 million. M&C's half-share of this cashflow would be US$215 million.

The sale, to an affiliate of US property investment company El Ad Properties NY LLC, is slated for completion by year's end. If everything goes according to plan, M&C and its Singapore-listed parent, City Developments, should be able to book their respective shares of gains from the sale in Q4.

Despite the sale of the Plaza, Mr Kwek stressed that "the group's strategy of being an owner of hotels assets remains unchanged, especially in an improving trading environment".

And he's not following the current fashion of many hotel groups of going asset light by selling their hotels and relying on getting management contracts as much contracts do not generate as much income as operating your own hotels, said Mr Kwek.

"More importantly, from a real estate viewpoint, "in a rising market when the market is recovering — just as we are now in that phase — you make a lot more money by retaining your asset rather than selling it out and then taking a management contract on it," said Mr Kwek.

"Many analysts and institutions in London have been asking me: 'Why don't you follow the new trend?' If I had listened to them, today I would not be making money out of The Plaza. They have been bugging me from Day One. When I floated M&C, they said: 'Why don't you sell The Plaza?' I said: 'Why should I sell? I know The Plaza is going to make me good money.'"

"At that time, when they were suggesting we sell, it was probably about US$300 million. In the best of years, 2000, Plaza was probably worth US$600 million.

"Today we are able to sell because the buyer offered us a price that factors in the potential. There is one and only one Plaza in the world.

Citing another example of how M&C could potentially extract more value out of its real estate, Mr Kwek said that two of its UK hotels, Copthorne Tara in Kensington and Copthorne Effingham Park at Gatwick, had enough room to house "mega casinos" of about 60,000 sq ft after the liberalisation of gaming laws in UK that are expected to kick in towards the end of the year.

This will attract American casino operators and owners who'll want to operate a different model from the standard London casino.

Ahead of these changes, potential buyers for these hotels have been knocking on M&C's door. "But because I know the gaming law is changing, why do I want to sell at this time?" said Mr Kwek.

"But if somebody wants to buy the hotels at a ridiculous price and again make an offer that I cannot refuse, I will consider it seriously."

CityDev posts $37m Q2 profit, Pg 4

Two men and a hotel: Clockwise from left — Mr Kwek, Prince Alwaleed bin Talal, and the Plaza hotel. Mr Kwek said that despite the sale of the Plaza, M&C's strategy of being an owner of hotel assets remains unchanged.

跟他的初戀統一大酒店不一樣，郭令明隨時都準備在時機成熟時出售廣場酒店。無論如何，他始終認為作為一名商人，這是他最驕傲的收購。

九一一恐襲事件導致廣場酒店蒙受慘重損失。在買下紐約這座標誌性建築的九年後，郭令明決定以6億7500萬美元將它賣給以色列一家大型房地產公司El-Ad Properties。

[照片來源：新加坡《商業時報》]

149

郭令明與多位英國前首相會面，包括柴契爾夫人（上圖）和約翰·梅傑（右圖）以及當時仍是倫敦市長（後來成為英國首相）的鮑里斯·詹森（右下圖）。城市發展酒店集團在1995年收購國敦酒店集團旗下的16間酒店，成為英國第三大酒店集團之後，郭令明經常前往英國。2023年3月，城市發展還收購了歷史悠久的海濱地標聖凱薩琳碼頭（St Katharine Docks），使該集團在英國的商業資產總額增至10億英鎊。

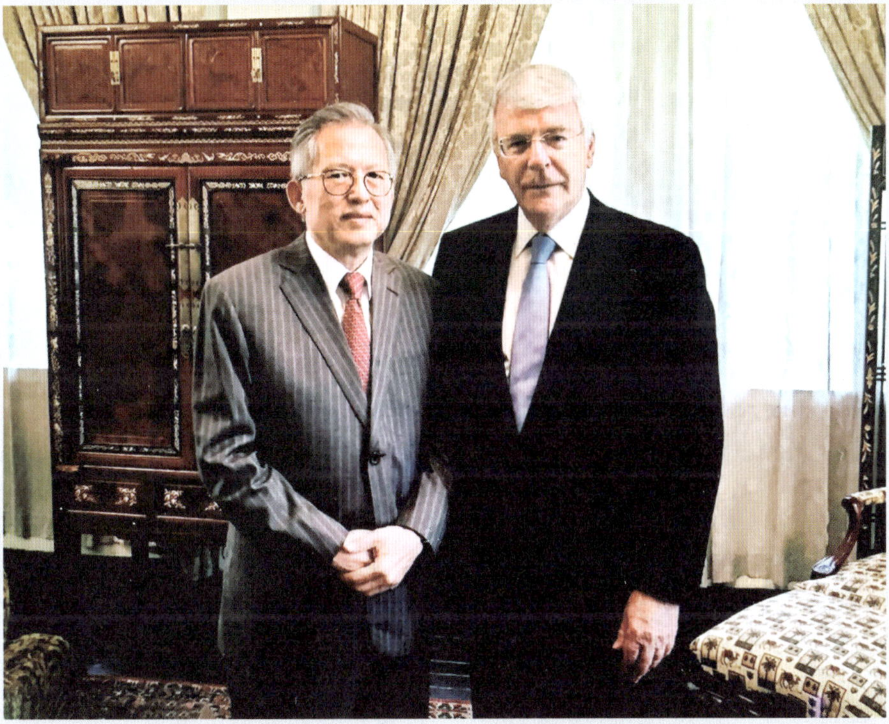

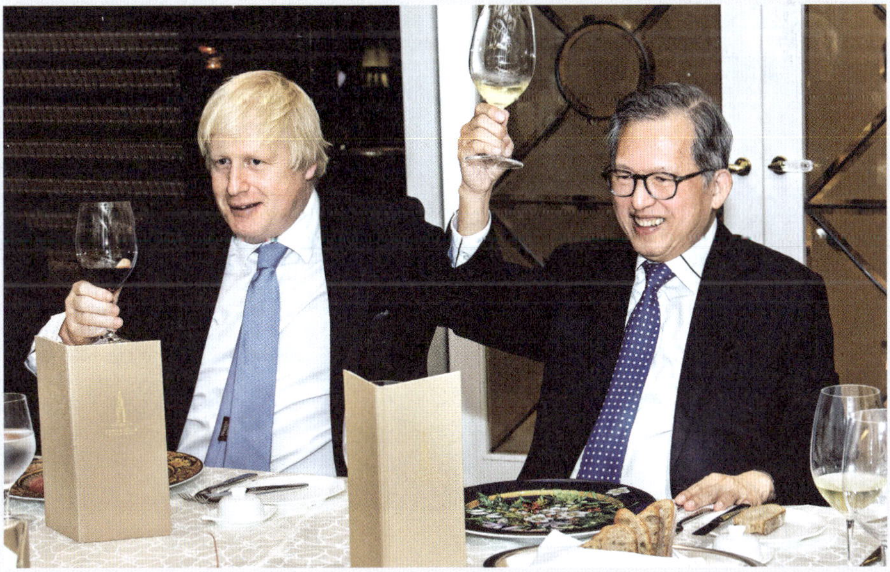

1996年4月，郭令明讓千禧國敦酒店（Millennium & Copthorne Hotels, M&C）在倫敦證券交易所上市，成為第一家在倫敦主要上市的新加坡集團。公司取名自他最大的兩筆酒店交易，即紐約的千禧希爾頓酒店（Millenium Hilton）和歐洲的國敦連鎖酒店（Copthorne）。他酒店帝國中的大多數酒店即開始重塑品牌。

郭令明與兒子郭益智在英國共度美好時光。

倫敦五星級豪華酒店（The Biltmore Mayfair）重新開業前名為倫敦梅費爾千禧酒店（Millennium Hotel London Mayfair）。

第四部分／業界翹楚

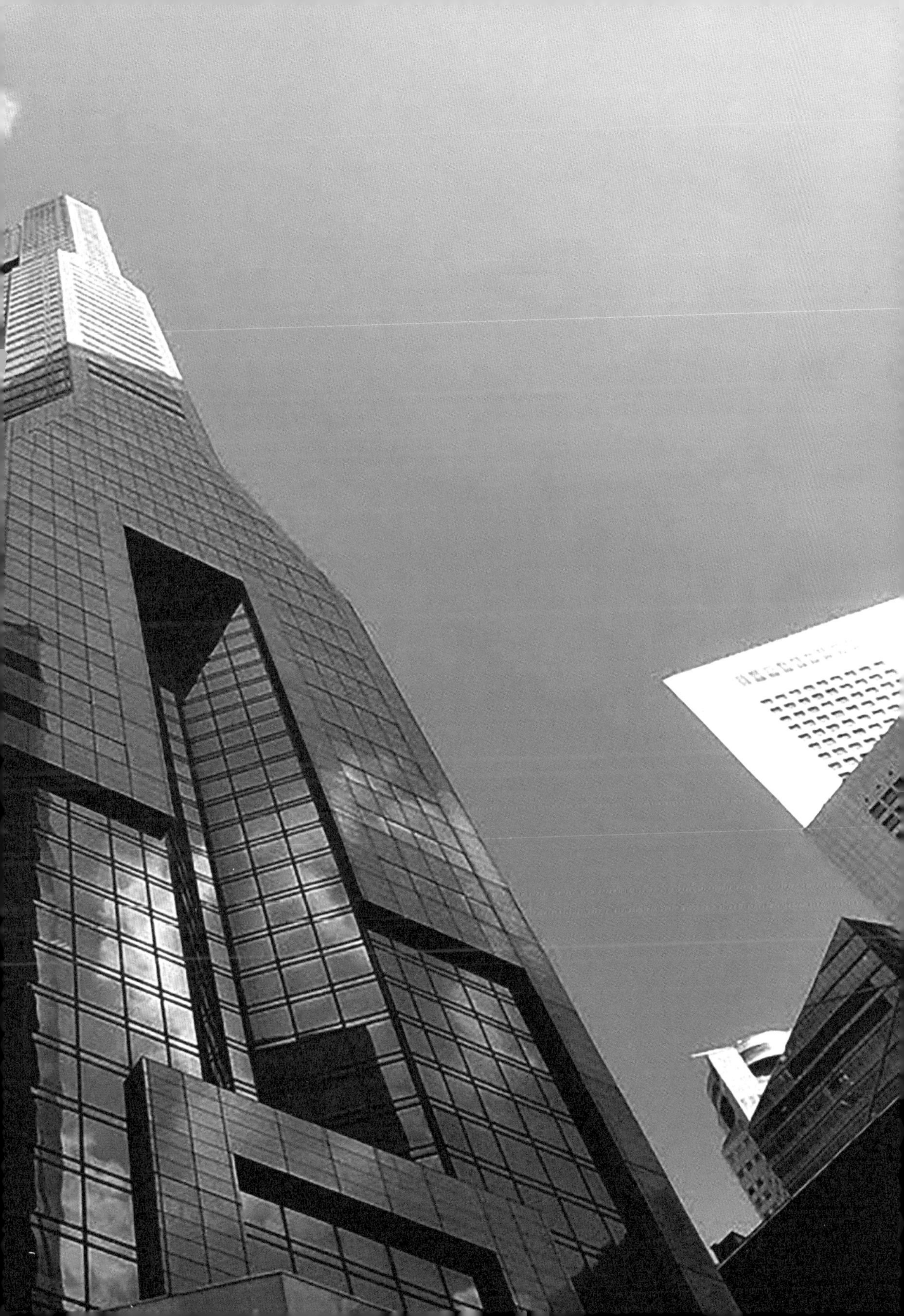

「今天,我們的旗艦大樓見證了我們的長期業務戰略,以及城市發展從第一代領導人成功交棒到第二代領導人。」

——郭令明

第十二章

屹立不倒

「它象徵著私人企業不畏艱險、
勇往直前的決心和勇氣。」

——1998年，時任新加坡總理吳作棟為共和大廈開幕

每當被問及金融危機、經濟衰退和全球市場崩盤等問題時，郭令明總是冷靜地眺望遠方，然後聳一聳肩。他說：「我們很保守，不會大量借貸。我告訴員工不用害怕，我不為這個問題所困擾。」他秉承父親逆勢而為的商業智慧，在危機中抓住機遇，把熊市化為牛市。無論是面對石油危機、經濟衰退、種族騷亂，甚至是新加坡當年突然宣布獨立，都沒有打亂郭令明或豐隆公司的陣腳。

1997年的亞洲金融危機卻是個例外。國政府在7月2日無法維持當地貨幣對美元的匯率，泰銖崩盤的危機迅速蔓延至整個區域，波及韓國和印尼等國。政府倒台，億萬富翁在一夜之間破產，郭令明坦誠那是他自1990年掌管豐隆以來，第一次感到焦慮不安。他說：「我見過很多危機但是你也知道，那個時候是相當

的可怕。」

1997年10月，他發現自己的財富在一天之內縮水了2億新元。他在城市發展和豐隆金融公司的股份價值，一夜之間從29億5000萬新元跌至27億3000萬新元。城市發展的股價從危機爆發時的每股14.50新元驟跌到6.45新元，暴跌55%。他回憶道：「彷彿一切都崩塌了，把每個人都嚇壞。」

雖然出現了令人瞠目結舌的帳面損失，但他的業務在1997年的寒風中基本上未受影響。據《海峽時報》在1998年報導，這要一部分歸功於他在危機爆發之前的幾年，在美國和歐洲收購了酒店，以及他旗下公司的低資產負債率，讓他躲過亞洲這場血雨腥風的洗劫。報導也指出：「他旗下的公司，包括豐隆控股和城市發展，都不受區域貨幣風暴影響，並不讓人感到意外。」

相反的，他還因為豐隆實現了建造並擁有新加坡第一高樓的夢想而意氣風發。共和大廈（Republic Plaza）在1998年落成，這是豐隆史上最大也可能是最複雜的專案，在當時的背景下，在外人看來簡直是不可思議。1998年1月，亞洲金融危機爆發的六個月後，郭令明在新加坡金融區中心開設了新的旗艦總部。那是一場視覺饗宴。大樓在危機席捲亞洲之前就已竣工。當時，東南亞各地許多未完工的建築半途而廢，爛尾建築提醒著人們這是危機時刻的到來，而城市發展卻在這個時候為它歷來最大的一筆投資正式揭幕，一座耗資6億5000萬新元興建的摩天樓。這種反差，相信給逆向思維的郭令明帶來了非比尋常的愉悅感。時任新加坡

總理吳作棟為共和大廈開幕時，稱讚道：「它象徵著私人企業不畏艱險、勇往直前的決心和勇氣。」

它也是商業遠見、長期規劃和世代傳承的象徵。令人驚訝的是，城市發展並沒有為建造這座外觀似火箭的旗艦大樓支付任何費用，該大樓當時與不復存在的華聯銀行中心（OUB Centre），以及大華銀行大廈（UOB Plaza）並稱為新加坡最高的摩天樓。一位不願透露姓名的城市發展高級職員在1988年告訴媒體，公司只出了兩塊土地，「這個龐大項目的美妙之處在於，我們不必為了籌錢而四處奔波，我們不必為這個項目掏出一分錢。

這個別出心裁的項目由郭芳楓發起，由郭令明完成。1987年，郭芳楓以5130萬新元，相當於每平方英尺3000新元的價格從華僑銀行（OCBC）手中買下新加坡中央商業區的兩塊土地。城市發展集團總經理謝仰豐說，為了說服華僑銀行出售地皮，郭芳楓親自拜訪了華僑銀行終身名譽行長陳振傳。陪他一同出席的謝仰豐回憶道：「對這些具傳奇色彩的商界前輩來說，面子是非常重要的。我們的老主席一出面，對方也得給他面子。他們談得很融洽，整個過程都用福建話。」這次收購代表豐隆首次進駐萊佛士坊，這是熱鬧的金融區最搶手的黃金地段，價格並不便宜。城市發展為這塊地支付的價錢是鄰近地段價格的三倍，對這家出了名趁市場低迷時刻進場，一貫不以高價買入的公司來說，是一筆不尋常的交易。但這次例外卻是必須的。據《商業時報》報導，郭芳楓其實對這兩塊地興趣不大，他看中的是「參與新加坡即將

推出的最大辦公樓項目的機會」。

這是因為他新買的地皮，正好位於一個新的大型商業專案的中間，這個專案命名為「共和大廈」，由日本公司伊藤忠商社（C Itoh，以下簡稱伊藤忠）和澳大利亞Land Equity公司組成的財團領頭。這個財團已經買下五塊地皮用於興建共和大廈，後來他們邀請郭芳楓將他買下的兩塊地皮也併在一起，以便建造一座更巨大的建築。《商業時報》說：「它們將在萊佛士坊地鐵站附近共同持有約9300平方公尺的黃金地段。」報導也說，這個專案很可能是萊佛士坊在一段時間內的最稀有幾個專案之一。

由於Land Equity缺乏資源無法繼續參與專案，當時很多人猜測，它要把專案的部分股權出售給外國銀行。結果是，該財團與城市發展合併。郭令明說，在他父親的領導下，經過八個月的「靜悄悄談判」後，城市發展從一個局外人，變成共和大廈的最大的股東。1988年4月，興建共和大廈的合資公司宣布，城市發展將擁有公司50%股份，而伊藤忠、Land Equity和日本建築公司清水（Shimizu）持有剩餘股份。

除此之外，大樓竣工後，城市發展還將以成本加固定比例的利潤收購合資夥伴的股份。伊藤忠是唯一可保留11.25%權益的公司。此外，伊藤忠還將向城市發展提供為期八年的貸款，作為購買股份的資金。1990年，由於專案延期，Land Equity退出了合資企業，以現金1950萬新元的價格將所持有的20%股份轉讓給城市發展，因此，城市發展在共和大廈的持股增至70%。

郭芳楓在共和大廈竣工前去世，但他的繼承者漂亮地完成了任務。郭芳楓在1994年去世後，郭令明接管公司。1996年，當專案的主樓最終竣工時，城市發展根據1988年的協定，按照事先確定的公式買斷了日本合夥人剩餘的30%股份，支付了4700萬新元。用一位評論員的話說：「這或許稱不上是一筆世紀交易，但（它）但肯定相去不遠。」這次收購將永久地契產權的共和大廈每平方英尺可出租面積的估價定在1200新元，而當時附近的租賃地段售價為2200新元。《商業時報》稱城市發展的收購「超划算」，並補充道「以今天的標準來看，這是一個低得離譜的價格。」

儘管豐隆的領導層世代交替，但郭令明確保共和大廈長達10年的開發計劃沒有出現任何紕漏。他在1998年的開幕式上說：「在1980年代末，共和大廈今天所處的地段由不同業主分別擁有，多個發展商曾多次嘗試將它們整合成一個更大的地段，但都以失敗告終。我父親展現了一貫的天賦和良好的商業判斷力，完成靜悄悄的談判，成功獲得這塊重要的土地。」

他父親的夢想是擁有一棟88層樓高的大廈，雖然這棟66層樓高的大廈沒有實現他的夢想，但它仍然以280米的高度躋身新加坡最高大樓的行列，直到2016年才被283.7米高的國浩大廈（Guoco Tower）超越。之後宣布重建的安盛保險大廈（AXA Tower）在2026年竣工後，樓高將達305米。

郭令明說：「在1980年代經濟不景氣的情況下，城市發展逆勢而上，堅持在新加坡天際線上建起世界級地標的大膽設想。今

第十二章 屹立不倒

天,我們的旗艦大樓見證了我們的長期發展戰略,以及城市發展從第一代領導人成功過渡到第二代領導人。」

亞洲金融危機幾乎沒有影響共和大廈的落成。就在1997年經濟衰退來臨之前,城市發展同共和大廈90%的租戶簽訂了六年租約,租期至2002年。1998年新加坡市場疲軟,辦公樓空置率創下新高,但共和大廈為城市發展帶來8000萬新元的租金收入。事實上,城市發展在1999年第一季度公布的1998年業績,就與競爭對手相去甚遠。由於房地產價格暴跌,10家上市的房地產公司當中有八家虧損,僅兩家保持盈利,城市發展便是其中一家,獲得了1億2370萬新元的盈利,儘管這個數位下滑了70%。公司在聲明中說:「雖然面對亞洲金融危機以來最糟糕的一年,房地產價格還大幅下滑,董事會認為,所取得的業績是非常讓人滿意的。」

《商業時報》說,考慮到全面經濟衰退對房地產公司造成的不利影響,「很少有人會對此有異議。」城市發展是1998年唯一看到股東資金增長的房地產公司,從30億新元增長到31億3000萬新元。該報章還認為城市發展是外國基金經理的首選,是「新加坡唯一的房地產藍籌股。」

雖然亞洲金融危機一度令郭令明感到恐慌,但這份緊張並沒有變成真正的恐懼。正如他在共和大廈開幕典禮上所說:「在所有的業務領域,城市發展的原則始終是在市場低迷的環境中尋找機會。逆境中總是存在著機會。」在邁向千禧年之際,他又見證了這句名言。別人倒下的時候,他仍屹立不倒,管他什麼危機。

第十三章

千禧大亨

「郭令明在過去10年取得不朽的成就。」

——2000年，麗晶酒店和安曼酒店創始人阿德里安・澤查（Adrian Zecha）

趁亞洲打噴嚏時，郭令明抓住機會。1998年，當經濟流感肆虐亞洲時，郭令明鞏固了自己的防線，確保旗下公司的財務保持穩定。固本培元之後，他開始在該世紀的最後一年展開攻勢。「千禧蟲」或許拖慢了世界的步伐，但郭令明在邁入2000年代迅速實現了新的里程碑，取得重大勝利，並贏得全球認可。臨近60歲生日時，他已成為一位千禧大亨，處於事業的巔峰期。

1999年1月有市場消息說，郭令明正在計劃一項最大、同時也是最大膽的酒店收購案，金額可能高達10億美元。香港世紀集團（Century Group）自區域金融危機爆發以來就一直苦苦掙扎，致力於減輕巨額的債務負擔。該公司之前以極高的價格購買了香

---

*千禧蟲（millennium bug，也被簡稱為Y2K）是指由於當時的計算機程式在日期表達上的設計問題，從而導致計算機會誤讀在2000年後的一些日期。當時認為，千禧蟲問題可能會引起一系列的問題，導致停水、斷電，銀行、交通癱瘓等嚴重後果。在問題引起社會廣泛重視後，全球採取積極行動防患未然。最終，千禧蟲問題只是虛驚一場。

港的房產和美國的酒店，包括以1億美元在波士頓買下有326間客房的美麗殿酒店（Meridien）。這導致它旗下的富豪連鎖酒店（Regal）負債累累，欠下銀行90億港元（約合19億新元）。最有價值的資產是富豪連鎖酒店（以下簡稱富豪酒店）旗下的50多間酒店，如果能一次全部脫售這些酒店，就能緩解以羅旭瑞為首的家族集團的財務困境。

富豪酒店完全符合郭令明的全球戰略。他已經在亞洲和澳大拉西亞建立了龐大的酒店組合，國敦酒店讓他在歐洲有強大的據點，但在美國仍然有所不足。他在紐約有三家酒店，包括廣場酒店，然而在美西卻什麼都沒有。他說過，富豪酒店是讓他的全球酒店網路變得完整的「最後一塊拼圖」。該連鎖酒店在紐約、芝加哥和洛杉磯等美國門戶城市都有豪華酒店，如聯合國廣場酒店（United Nations Plaza）、比爾特摩爾酒店（Biltmore）和尼克布克酒店（Knickerbocker）。富豪酒店也遍布波士頓、明尼阿波利斯、聖路易斯、辛辛那提、博爾德、納什維爾和安克雷奇。收購這家連鎖酒店，將讓郭令明在美國這個全球最大的酒店市場，從東岸到西岸都有據點。如美國人所說的，從大西洋到太平洋，郭令明的酒店遍布盎格魯—撒克遜世界（Anglo-Saxon），從南部的紐西蘭到大不列顛國，再跨越大西洋到彼岸的美國。如果說19世紀的大英帝國日不落，那麼同樣的誇張說法也適用於郭令明的全球酒店帝國。

與亞洲許多同行不一樣的是，郭令明有財力買下這家連鎖酒

店。1996年，千禧國敦酒店集團在倫敦上市後，他著手重組公司，將亞洲和澳大拉西亞的所有其他酒店都賣給千禧國敦酒店集團。這為該集團提供強大的資金支援，可制定一份酒店收購清單。城市發展的一名發言人在1999年5月說：「我們有2億零600萬英鎊的現金和7億英鎊的重組配股。我們資金充裕，隨時準備在世界各地尋找機會。」而富豪酒店便是首選。

當西方買家圍著富豪酒店轉的時候，郭令明利用他與羅旭瑞的個人交情取得了領先優勢。他在1999年說：「很多美國人都想買富豪酒店。他們跟羅旭瑞接洽，以為他急於出售，所以能以低價買下這家連鎖店。如果你用這種態度跟亞洲人談生意，他們會說『去死吧』。」相反的，郭令明對羅旭瑞表示尊重和敬意，沒有展現高人一等的姿態。他明白商業環境不可預測，今天陷入困境的企業家明天可能東山再起，沒有人能夠獨善其身。郭令明說：「我對富豪酒店的成功表示讚賞，並告訴他無論接下來如何發展，我對他始終敬重。」

1999年11月，郭令明完成了一筆價值6億4000萬美元的交易，媒體稱之為「巨額交易」。這筆交易讓他在美國買下47家富豪酒店，其中28家為自營酒店，其餘19家為管理合約酒店，這些酒店全部都會在千禧品牌下重新命名，千禧品牌也因而進入全球15大酒店運營商的行列，在13個國家的117家酒店擁有3萬3000間客房。

富豪酒店的收購案，是新加坡企業史上第二大收購案，僅次

於海皇輪船（Neptune Orient Line）斥資8億2500萬美元收購美國航運公司APL。郭令明在新聞稿中說：「收購富豪酒店，讓集團可以通過一次行動在美國這個全球最大的酒店市場的一些主要城市，買下多家有『地標』意義的酒店，我們相信當時所支付的價格符合行情，出價合理。更重要的是，考慮到我們要成為真正的環球酒店業者，這些地標酒店對我們來說具有重要的戰略意義。」

在完成富豪酒店交易的一周前，郭令明以迅雷不及掩耳之勢收購了韓國首屈一指的首爾希爾頓酒店（Seoul Hilton），震驚業界。與富豪酒店的交易類似，這次收購也發生在亞洲金融危機後的動盪時期。首爾希爾頓酒店是韓國大宇集團（Daewoo）最珍貴的資產，該集團當時正面臨高達660億美元的巨額債務，令人難以置信。為了應對金融危機，韓國政府要求全國五大財閥進行重組、出售不良資產、提高效率並增強外國投資者的信心，而脫售首爾希爾頓酒店是大宇集團重組計劃的一部分。

大宇集團在萬般無奈的情況下求售首爾希爾頓酒店。這家位於韓國首都商業和娛樂中心梨泰院的酒店有673間客房，集團一直引以為傲。郭令明說：「大宇選用最好的材料建造這座酒店，酒店內擺滿了老闆娘精心挑選的藝術品和雕塑品，就像是她自己的宮殿。這是一家精心打造的酒店，入住率很高。」樓高22層的首爾希爾頓酒店，坐落在永久產權地段，這一點尤其吸引郭令明。該酒店擁有韓國最大的會議廳，面積超過2萬5000平方英尺。這家酒店的一切，都與他的商業理念不謀而合。

雖然郭令明對該專案非常感興趣，但大宇集團已經找到了買家——總部位於盧森堡的地中海通用控股投資公司（General Mediterranean Holding）。談判順利進行了幾個月，但出乎意料地在9月份破裂。大宇集團的一名職員說，歐洲方面提出了令人無法接受的要求，這包括回購選擇權。惱怒的大宇於是決定將酒店拍賣。

郭令明加入這場競爭激烈的拍賣活動。拍賣共吸引45個國際投資者的20份競標書，競標者包括美國投資銀行高盛和香格里拉集團。隨著競標的範圍縮小到十幾家，很多買家乘人之危，提出一些對這家韓國公司來說無法接受的條件，例如放棄希爾頓品牌。大宇集團並不願意，它們要保住首爾希爾頓酒店的名稱，因為多年來該酒店一直都與大宇聯繫在一起，保留名字對大宇來說可以挽回顏面。在韓國社會，面子非常重要，能不能保護聲譽將左右交易的成敗。此外，希爾頓酒店與大宇簽訂了直至2003年的管理合約，如果提前終止合約，韓國方面必須對連鎖酒店做出賠償。

郭令明立即意識到，在這種情況下，他可能比其他潛在買家更有優勢。他表示：「大宇已經面臨許多問題和挑戰，我為什麼還要附加更多條件，讓他們的日子變得更複雜呢？他們已經沒有心情或資源來處理這件事了，所以我給了一個非常好並合理的價格，同時承諾保留希爾頓品牌。我告訴他們『我會照單全收』。」儘管當時他已經開始重塑旗下所有酒店的品牌，把它們命名為千

禧酒店，但他對這家新酒店的名稱並沒有堅持。他說：「當時千禧品牌剛創立，沒什麼人認識，還不如沿用大家熟悉的老字型大小。也許我也能夠向希爾頓學習？」他永遠這麼務實，從不死守教條。

大宇集團董事長還希望為他和他的家人保留酒店的頂層閣樓，其他大多數競標者都無法接受這個條件。郭令明毫不猶豫接受了，他的外甥女楊為彬主持當時在首爾的討論會，她回憶說：「他非常確定他要完成這筆交易，並堅信他會成功。他反覆地向我強調：不要關注這些細枝末節，要看大局。這是什麼？這是一項珍貴的資產，你不會再有這樣的機會了。」

儘管他的出價應說並不是最高的，但韓國人還是選擇了他。1999年11月，他斥資2億1350萬美元收購五星級的首爾希爾頓酒店，這是他事業生涯中最賺錢的一項酒店收購，這點稍後再詳述。他在全球不斷擴大的標誌性酒店又多了一家。他在1999年說：「要收購像首爾希爾頓這樣的精品酒店非常困難，幾乎不可能，而機會來得有點出人意表。這樣的好機會不常出現，就像紐約的廣場酒店交易一樣。首爾希爾頓酒店讓我想起台北君悅酒店，它如今是我們集團在亞洲業績最好的酒店。」

郭令明成功擺脫了亞洲金融危機的影響，同時也克服了一次法律上的挫折，這個問題讓他雄心勃勃的千禧計劃受阻。城市發展酒店集團希望在新加坡使用千禧品牌，但卻出乎意料地遭到了同為新加坡發展商的邦典集團（Pontiac）阻撓，將郭令明的酒店

告上了法庭。郭良耿家族（Kwee family）旗下的邦典在法庭上辯稱，千禧酒店與它即將開業的新加坡麗思卡爾頓美年酒店（Ritz-Carlton, Millenia Singapore）產生混淆。

法庭判邦典勝訴，並禁止城市發展在新加坡使用「千禧」（Millennium）的名稱。當時正逢經濟衰退，郭令明便轉而採用「國敦」（Copthorne）品牌，包括他珍視的統一酒店。他說：「時間可以療傷。當然，這很令人惱火，我的酒店品牌遍布五大洲，但我不能在自己的國家使用它。不過，在全球範圍內我們還是使用千禧品牌，所以從這個意義上來講，這對我們並沒有什麼影響。」

在他開展全球征程的10年之後，他建立了一個強大的王國，站在酒店世界的頂峰準備邁入千禧年，而這段插曲也成為了歷史的註腳。如今，他在全球13個國家擁有117家酒店。在2000年的第三屆亞太酒店業投資大會上，他被同行譽為1990年代對國際酒店業影響最大的亞洲酒店經營者，並被授予「年代亞太酒店經營者」獎項。麗晶連鎖酒店和安縵度假村的創始人阿德里安·澤查（Adrian Zecha）頒獎給他時說：「郭令明在過去10年取得不朽的成就。城市發展酒店不再是一家亞洲酒店公司，而是一家全球酒店公司。」郭令明開玩笑地回應道：「我必須更加努力，在未來10年實現收購一家主要連鎖酒店，才能再次獲獎。」

為國爭光讓他感到無比自豪。他在2000年接受《海峽時報》採訪時說：「在倫敦的時候，有位第一次見面的美國人告訴我：

第十三章

『在美國的酒店業，人們會說類似的話，不能排除郭先生也會收購這家連鎖酒店的可能，他可能會突然冒出來把它奪走。』我很高興業界認可我所做的一切。我感到自豪，因為我來自新加坡這樣一個小國，能給他們留下如此深刻印象，靠的不是言語，而是行動。」

在新加坡同胞眼中，他是全球之冠。1996年，他在新加坡獲得年度商人獎，介紹詞是這樣寫的：「特別是他大膽的酒店收購，讓城市發展酒店成為世界上最大的酒店業主之一。」在2001年的國慶群眾大會上，時任總理吳作棟在這場全國最重要的年度政治演說中，特別提到郭令明是一位富有進取精神的商業領袖，將本地家族企業發展成為一家新加坡的國際公司。他說：「我們需要更多像郭令明這樣的商界領袖。」

第十四章

原爆之地

「這家酒店是紐約市、紐約州乃至整個美國未來發展的象徵。紐約市將迎來最美好的未來。」

——2003年，紐約市市長麥可·彭博（Michael Bloomberg）
為千禧希爾頓酒店重新開業致詞

2001年9月11日，當第二架飛機撞向紐約世貿中心的那一刻，郭令明知道，他生活了60年的世界從此將不再一樣。旅行的方式再也回不去，酒店業徹底被撼動，文明之間壁壘分明。商業與發展不得不適應一個新常態，尤其是他所處的領域。慘劇竟然距離他這麼近，是他始料未及的。

他兒子郭益智當時的辦公室在遭襲擊的紐約世貿中心雙子塔。他說：「我慌了，到處尋找他的下落，卻無法與他取得聯繫。」所幸的是，他在幾個小時後得知，原來郭益智幾個月前已經轉到曼哈頓中城的另一家公司，而郭令明以為他的工作地點還在世貿中心。他說：「有時運氣也起到作用。」

郭令明避開了一枚子彈，但接下來就沒這麼幸運了。雙子塔倒塌後，美國有線電視新聞網開始報導，周圍建築也有倒塌

第十四章 原爆之地

的危險。附近的自由廣場一號大樓（One Liberty Plaza）外牆部分坍塌，德意志銀行大樓（Deutsche Bank Building）和威瑞森大樓（Verizon Building）遭到嚴重破壞，情況令人擔憂。但最大的疑慮是與世貿中心隔街相望的千禧希爾頓酒店（Millenium Hilton）。他說：「人們強烈猜測我的酒店處於坍塌邊緣，但當時一片混亂，沒有人能夠清楚地掌握事態的發展。」

英語拼寫獨特的千禧酒店（Millenium）是郭令明在美國收購的第一家酒店。七年後，郭令明在建立全球酒店帝國的道路上遭遇最嚴重的打擊。不僅千禧酒店面臨生存風險，九一一事件對全球旅遊業的影響也對他在全球的酒店業務構成嚴重威脅。正如評論員李漢士在《商業時報》寫的：「如果說1999年收購美國富豪連鎖酒店，標誌著由開發商搖身變為酒店經營者的郭令明達到事業巔峰，那麼世貿中心遇襲事件一定是他的低谷。」

郭令明之所以能在亞洲金融危機中安然無恙，部分原因是他有多家酒店在西方國家，但同樣的龐大酒店網路如今卻讓他處於「原爆點」的中心。在國慶群眾大會獲得新加坡總理嘉獎的三周之後，郭令明的世界變得一團亂。

他在曼哈頓下城的團隊即刻面臨一場危機。據一位餐廳經理描述，「碎石像紙屑一樣」從千禧酒店傾瀉而下。酒店擴音器很快播出消息：有一架飛機撞向世貿中心，由於碎片墜落，客人應留在房間裡。當第二架飛機撞向雙子塔時，千禧酒店疏散了所有客人。英國遊客凱薩琳・哈迪（Katherine Hardy）向《新聞周

刊》回憶道：「我們被帶到街上，周圍一片混亂，這是我有生以來第一次看到人行道上血跡斑斑，還有散落的鞋子和眼鏡。這讓人感到不安。」

在酒店大堂，人力資源經理雷·伯格斯（Ray Burgos）推了一輛滿載洗好的毛巾的手推車，開始分發毛巾給從對街世貿中心湧過來的震撼倖存者。伯格斯告訴《紐約時報》，他們要求喝水，「但我們沒有足夠的水壺。於是，我們把大廳吧台酒瓶裡的酒倒掉，裝滿水後分發給需要的人。其中一個人說：『這是什麼水？喝起來像蘇格蘭威士忌！』但他還是喝了。」

對許多千禧酒店的員工來說，這是個似曾相似的情境。1993年，也就是郭令明買下酒店的前一年，恐怖份子在世貿中心引爆了一卡車的炸彈，造成六人死亡，1000多人受傷。酒店門衛科菲·曼塔基（Kofi Myantakyi）告訴《泰晤士報》：「飛機直衝大樓的時候，我難以置信地瞪大眼睛。我看到濃煙。我想，就像1993年一樣。然後警報聲響起，那也和1993年一樣。」

而在2001年，工作人員和房客在街道上驚恐地望著人們從世貿中心跳下。酒店清潔工倫納德·威廉姆斯（Leonard Williams）說：「看著人們跳下樓的時候，我向上帝祈禱。接著他們就跌落在廣場上木製的音樂會平台。我經常在那裡觀看音樂會。太可怕了。我像孩子一樣哭個不停。」

千禧酒店管理層和員工的靈敏反應，確保了約150名員工和650名客人在9月11日上午得以迅速撤離。酒店內沒有任何人失

第十四章 原爆之地

蹤,但是有12名前往雙子塔的房客,過後就沒有再回來,相信他們已經罹難。幾個月下來,大家都沒能返回酒店取回自己的物品。酒店客人哈迪說:「當我看到消防車時,我以為他們會把火撲滅,然後我們就可以回到酒店,一切都會恢復正常。當然,這並沒有發生。」

這座55層樓高的酒店遭受嚴重破壞。三分之二的玻璃外牆被震碎或擊碎,建築物布滿從馬路對面飄來的煙塵和灰燼。郭令明回憶說,火災和大樓倒塌帶來了大量有毒污染物。他說:「酒店幾乎面目全非,周圍荒涼無比。」千禧酒店當時的董事經理羅傑·斯瓦迪什(Roger Swadish)在災難發生兩天後回到酒店,他告訴《泰晤士報》:「當我看到大火、濃煙和酒店遭受的破壞,我感到非常震驚。我們必須把整個酒店的外牆都拆掉。」千禧國敦酒店集團時任首席執行長約翰·威爾遜(John Wilson)說:「大樓遭受無法估計的損失。」

在紐約,有很多人在議論大樓的結構不牢固。彭博社的一篇報導引述美國執法官員和消防員的話說,包括千禧酒店在內的幾座摩天大樓都遭到結構性破壞。郭令明面臨拆除大樓的巨大壓力。他說:「紐約市當局就建築安全問題跟我們接洽,但在做任何決定之前,我想聽聽我們自己專家團隊的意見。當局以什麼為依據,判定千禧酒店不安全?大家別猜測了,讓我請一位世界著名的結構工程師來評估,聽聽專家的意見。」

他親自邀請美國著名結構工程師、同時也是先驅土木工程師

Alfred Yee對受損酒店的狀況進行評估。他以創新方式設計的高層建築，在環太平洋地區強震頻繁地帶經得起地震的考驗。郭令明早前建造共和大廈時也委任了這位結構工程師。郭令明說：「他是我遇到過的業內最優秀的工程師。他讓我相信我的酒店是安全的，他還說服了紐約市的官員，並說服了希爾頓。希爾頓經營酒店，不會接手管理一棟不安全的建築。」

儘管所費不菲，郭令明還是決定重建酒店。他說：「九一一是全世界永遠不會忘記的悲劇。我想改建這座酒店，告訴全世界我們不會被打敗。我要將它重建為一個銘記這場悲劇的地標和標誌。」這是一項艱巨的任務，約80%的內部裝潢必須更換。他補充說：「作為酒店業主，我們得跟經營者希爾頓合作，共同管理酒店的修復工作。幸運的是，酒店建築很堅固，結構完好無損。我們必須與建築師、設計師、承包商、保險公司、工會和政府部門打交道。在經歷那場災難性的事件後，那是段艱難的時期。」

更糟的是，他的其他業務也陷入困境。恐怖襲擊發生後，城市發展的股價也應聲下跌38%，至1998年10月亞洲金融危機以來的最低水準。該公司在紐約市的其他酒店，入住也率下跌近70%。全球普遍擔心商務和休閒旅遊會大幅下滑，對旅遊業、酒店業和航空業帶來嚴重的衝擊。為了緩解投資者的擔憂，郭令明在股價面對壓力時提出對策，包括將重點轉向美國國內遊客，限制酒店投資，並脫售一些非核心酒店。

屋漏偏逢連夜雨。保險公司就酒店遭受的損失程度提出

第十四章 原爆之地

質疑。千禧酒店的保險金額為3億4000萬美元，這筆賠款涵蓋酒店的重建和業務損失。城市發展酒店向旅行者保險公司（Travelers）索賠1億零880萬美元，包括財產損失3360萬美元、業務中斷損失7400萬美元和其他費用120萬美元。但是旅行者保險公司在向城市發展墊付4650萬美元後，就拒絕支付其餘款項。旅行者保險公司於2003年起訴城市發展，稱它沒有義務支付千禧酒店業務中斷的損失。城市發展提出反訴。郭令明說：「這是大衛與歌利亞*的較量。沒錯，我就是大衛。該保險公司是一家市值1000億美元的公司。」

這一風波並不妨礙城市發展酒店重建千禧酒店。2003年3月，在災難發生的18個月後，耗資3200萬美元翻新重建的酒店重新開業，引起廣泛關注。現在，每間客房都配備了電漿（PDP）螢幕電視、無線電話和高速網際網路——這些都是商務旅客不可或缺的新設備。城市發展在一份新聞稿中說，酒店「煥然一新」，從頂樓到大堂都進行了翻新。酒店設施一應俱全，包括商務中心、室內溫水泳池、健身中心、停車場和24小時客房服務。紐約市市長麥可・彭博（Michael Bloomberg）、紐約州州長喬治・派塔基（George Pataki）等政要以及消防員和工會代表出席了盛大的重新開業典禮，並舉行慶祝遊行，慶祝這一標誌性建築回歸曼哈頓下城。

---

*大衛與歌利亞的較量，典故出自基督教《聖經》撒母耳記上17章。是指對峙的雙方強弱懸殊，歌利亞是巨人，大衛是實力弱的一方。

然而，保險索賠問題仍然始終懸而未決。他表示，幾乎每天都與保險公司「爭吵」。他曾試圖私下解決訴訟但屢次失敗，雙方最終於2004年12月聚在郭令明的千禧酒店百老匯時代廣場（Millennium Hotel Broadway Times Square），為對簿公堂前做最後的嘗試。雙方都從紐約的律師事務所聘請了頂尖的美國律師，儘管反覆陳述和爭論，但沒人願意退讓。他回憶說：「我和我的律師團隊在一個大會議室，對方和他們的律師在另一個房間。我們這邊說了些什麼，仲裁員就記錄下來，帶給另一方。幾個小時後，他帶著對方的答覆回來。這持續了好一陣子。」律師們也在同個時候計算著他們的工時，把相應的帳單發給城市發展。到了第二天，郭令明就受不了了。

他問律師他是否可以直接與仲裁員對話，律師不同意，說這不符合常規，此類溝通一般由法律代表處理。郭令明還是堅持，他說：「我告訴他們，我現在就可以做決定。我想在仲裁員在場的情況下，跟另一方能做決策的人交談。」安排好會面後，這位新加坡人立即切入問題的核心。他直截了當地告訴對方：「你相信你的案子很有說服力，因為你的律師是這麼說的。我的律師也認為我的案子很有力。但事實上，我們倆的理由都不充分。所以，我們還是實事求是公道一點。你不能完全不付我錢。我們可以各讓一步嗎？」幾分鐘後，他們握手言和，達成了2500萬美元的和解協議，低於城市發展要求的6000多萬美元。」我告訴他：「我們別再爭了，我們回家吧，就把這當作聖誕禮物帶回去吧。」

第十四章 原爆之地

　　根據和解條款，雙方放棄所有相關訴訟。他說：「我是一個不喜歡靠律師或公務員做事的人。我自己做主，我說了算，就這樣。我不想繼續跟保險公司打官司。他們公司那麼大，老是爭吵有什麼意義呢？我是個務實的人，提出切實可行的解決方案，大家都很滿意。結案。」

　　九一一事件發生的三年後，郭令明終於可以為這場悲劇和損失畫上句號。有一次，他在回想起此事件的時候說：「待客之道不僅僅是握手和美食。」他憑著一些勇氣，成功反敗為勝。這家酒店現在重新命名為紐約千禧市中心酒店（Millennium Downtown New York），正如他所預料的那樣，是遊客參觀原爆點遺址或紀念博物館的首選酒店。酒店四分之三以上的客房和餐廳都可以看到九一一的遺址。他說：「我並不害怕。我知道紐約是美國最堅韌的城市，紐約人堅強不屈。」他也是如此。

1998年1月，豐隆集團的旗艦總部共和大廈（Republic Plaza）在新加坡市中心金融區的核心地段開業，在當時與萊佛士坊一號（One Raffles Place）和大華銀行廣場（UOB Plaza）並稱為新加坡最高建築。時任新加坡總理吳作棟為共和大廈開幕時，稱讚「它象徵私人企業不畏艱險、勇往直前的決心和勇氣」。

首爾千禧希爾頓酒店是韓國首都商業和娛樂區梨泰院天際線的重要標誌。1999年11月，郭令明買下五星級的首爾千禧希爾頓酒店。2021年轉手售出千禧希爾頓酒店後的第二年，城市發展創下自1963年成立以來的最高淨利，成功地扭轉了城市發展和郭氏家族兩年來的業務頹勢。

（照片由 Ambassador Theatre Group 提供）

哈德遜劇院（Hudson Theatre）是紐約現存最歷史悠久的百老匯演出場所之一，2017年2月重新開業時，邀請演員傑克·葛倫霍（Jake Gyllenhaal）首次在百老匯音樂劇亮相。該劇院曾是千禧總理酒店（Millennium Premier，即今天的紐約千禧時代廣場）的一部分，1999年由郭令明開幕。照片左起為裘莉·曼寧（Julie Menin，紐約市第五區議員）、安娜萊吉·阿什福特（Annaleigh Ashford，演員）、傑克·葛倫霍、郭令明。

（照片由L.E. Baskow / Left Eye Images提供）

郭令明在紐約曼哈頓市中心買下千禧酒店，是一項突破性的收購。該酒店於2022年重新命名為紐約總理酒店（Millennium Downtown New York Hotel）。九一一恐襲發生後，這家位於世貿中心對面的酒店遭受嚴重的結構性破壞，城市發展酒店花了18個月的時間進行重建。

2003年3月，耗資3200萬美元改造的千禧酒店重新開業，引起業界廣泛關注。（左圖）

（下圖）郭佩玲（紅衣者）特地到紐約主持千禧酒店的重新開業儀式。時任紐約市長麥可·彭博（Michael Bloomberg，藍領帶者，郭佩玲右邊）以及時任紐約州州長喬治·派塔基（George Pataki，紅領帶者）等政要和其他團體代表，也出席了盛大隆重的開業典禮。

第五部分／南部大戰略

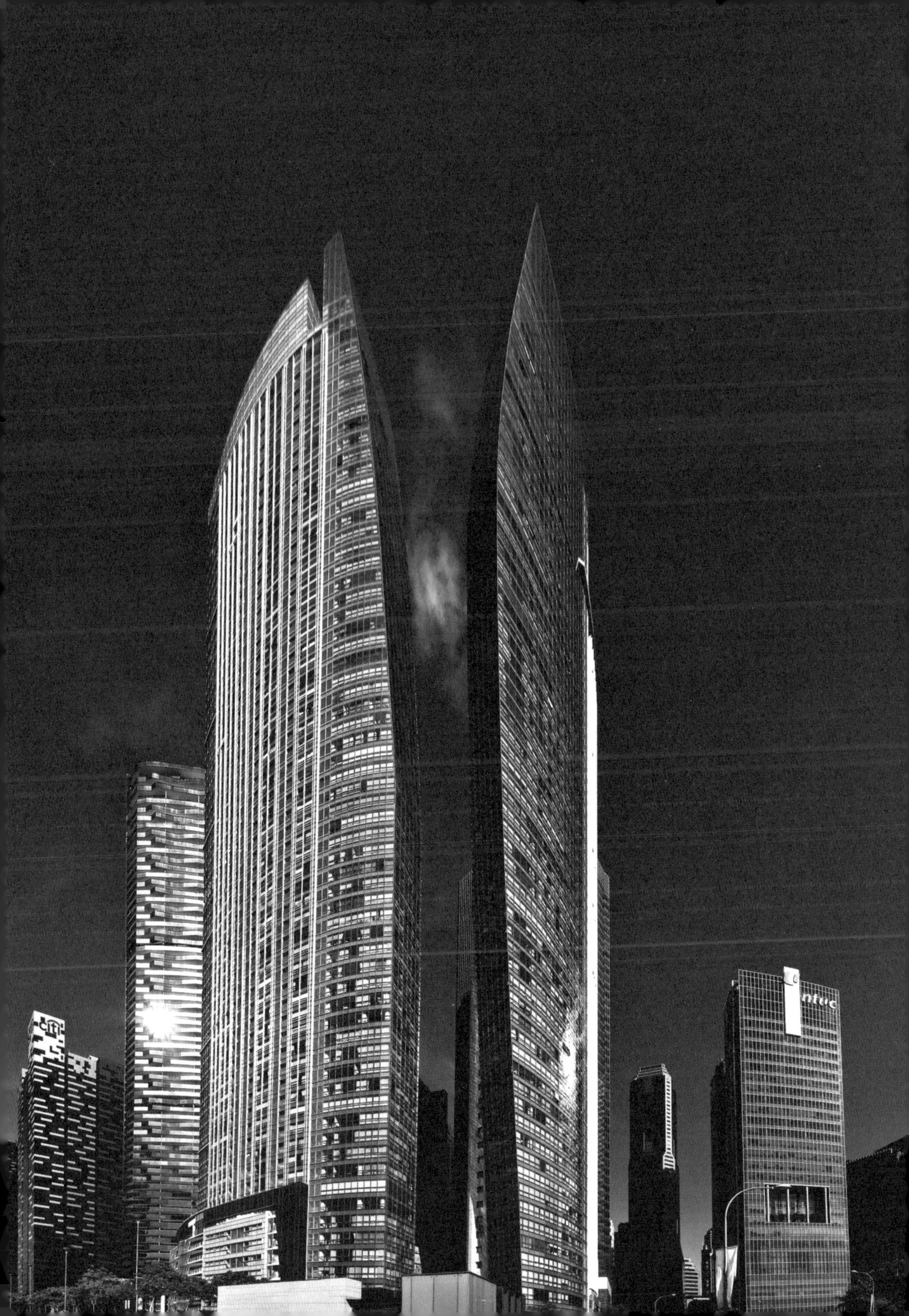
citi
ntuc

「我希望去挑戰一些別人之前無法達成的目標,使競爭者望塵莫及。」

——郭令明

第十五章

熱切等待啟航

「郭先生高瞻遠矚，看到人們對市中心海濱生活的需求，並預見到有錢的外國人對這個標誌性開發項目的興趣。我們僅此向他致敬。」

——2005年，《商業時報》

新千禧年對郭令明來說並不利。2000年網際網路泡沫破滅，隔年又發生九一一襲擊事件，全球經濟特別是美國經濟接連遭受了兩次沉重打擊。郭令明的酒店帝國一蹶不振，更糟糕的是，亞洲房地產市場仍處於低迷狀態，無法走出始於1997年亞洲金融危機的漫長寒冬。城市發展公布的2001財年業績十分難堪，淨利驟降85.5%至4160萬新元。

郭令明急需扭轉局面。他在一個意想不到的國內專案找到機會，啟動了新加坡南部大戰略。這個機會來自政府售地計劃的備售名單——市場的出價若是被政府接受，地段就會推出招標。城市發展的競爭對手邦典置地集團（Pontiac Land Group）「勾出」濱海灣的一塊備售地段，這塊地被當局指定為新市中心，以緩解

第十五章 熱切等待啟航

附近珊頓道金融區的擁堵情況。2002年3月，該地段公開招標，郭令明決定加入競爭。

他意識到當時市道仍然低迷，估計邦典不會大幅提高最初的2億8000萬新元出價。城市發展集團總經理謝仰豐說，他和城市發展團隊意想不到的是，經濟竟然是如此不景氣，除了邦典和城市發展之外，沒有其他競標者。他說：「我們很驚訝，除了原先的投標者之外，就是我們了。」兩個月後，競標結果在5月公布，城市發展以2億8890萬新元的價格得標，邦典則維持2億8000萬新元的出價，這令市場震驚不已。郭令明的出價僅高出3%，可以明顯感受到他的欣喜得意。

城市發展的高級執行人員說，四年前在新加坡合法使用千禧酒店品牌的官司中敗給邦典之後，郭令明終於扳回了一局。豐隆集團發言人傑力・席而瓦說：「他沒有說出來，但我們可以看出，他對僅以3%的優勢擊敗邦典感到非常高興。」

城市發展撿了個便宜，出價為容積率每平方英尺227新元，比吉寶置業領頭的財團前一年為毗鄰更大地段支付的290新元要低得多，後者後來發展成濱海灣金融中心（Marina Bay Financial Centre, MBFC）。不過，勝利歡呼之後，如何開發的難題也隨之而來。謝仰豐回憶說：「我們得到地段後，頭疼的問題就來了。如何處理這塊地？辦公樓？商場？還是酒店？當時爭論得很激烈。」與新加坡大多數地段不同，濱海灣地段被當局歸類為「白色地段」，這意味著發展商可以將它用作商業、住宅或酒店用

途，或三者之間的混合。

鑒於該地段位於中央商業區，最直接、最明顯的選擇就是建辦公樓。郭令明曾探索這個可能性，甚至與渣打銀行洽談，在建成後渣打買下其中一棟。但不知是幸運或不幸，渣打銀行無法從現有業主那裡獲得有利的解約條件，因此這筆交易不了了之。

城市發展於是重新審視選項。郭令明意識到，在該地區發展商業項目過於保守，因為這一區的辦公樓已經過剩，而新的濱海灣金融中心建成後將有三座新的辦公樓，供應量又會進一步增加。

城市發展當時所須的，是一個創新、前衛、能捕捉人們想像力的專案。他決定將其發展成住宅項目，嘗試在中央商業區興建一座大型公寓，打造有廣闊海景的海濱生活。他說：「我想做一件沒人嘗試過的事情，這樣我就沒有競爭對手了。我將成為開拓者，贏得大家的掌聲。」可惜，並不是每個人都鼓掌叫好，至少在最初時不是。謝仰豐透露，一位城市發展董事曾公開對此表示擔憂，對方說：「你確定能在中央商業區賣房子嗎？沒有人這麼做過，你知道嗎？」謝仰豐一邊回憶一邊笑著說：「當時有很多人持懷疑態度，因為該地段一片空曠，政府甚至還沒有公布要建綜合度假勝地以及賭場呢！」郭令明也聽到反對的聲音。他說：「人們告訴我中央商業區沒什麼可做的，所以我提出『生活、工作、消閒』的口號。」他不僅沒有理會反對的聲音，對自己的決定還更加堅定。城市發展委託屢獲殊榮的挪威裔美國建築師彼

得·普蘭（Peter Pran）興建兩棟樓高245米的公寓，它將成為新加坡最高、亞洲第七、世界第10的住宅大樓，共有1111個單元。這也是郭令明和城市發展承接的最大型住宅專案。公寓的外型像風帆，為濱海灣創造一個新地標，象徵著新加坡是充滿活力的亞洲燈塔。普蘭說他「嘗試營造一種在風帆桅杆頂端生活的感覺，讓你懸浮在空中，欣賞新加坡和大海的壯麗全景。」公寓命名為濱海舫（The Sail @ Marina Bay）。郭令明不只想證明所有人對他的懷疑是錯的，他甚至還想在世界最高點大聲吶喊。

濱海舫計劃若成功，將是城市發展和郭令明的一個重要里程碑，但如果失敗了，它將成為新加坡天際線最顯眼的笑柄。雖然郭令明在本書的幾次採訪中都說自己不是一個賭徒，但他這次下了重注。邁入2003年，他的勝算似乎不大。3月份，新加坡和整個亞洲爆發SARS疫情，原本已經疲軟的房地產市場遭遇重挫，郭令明的旗艦專案也因此受重創。謝仰豐說：「當時市場相當冷清，需求充滿不確定性，老闆自己也很著急。」神秘病毒疫情逐漸消退後，濱海舫準備在2004年下半年預售。城市發展意識到必須採取強有力的行銷策略，謝仰豐說：「我們認為需要搞一場轟轟烈烈的活動來激發人們的興趣。」公司沒有採用傳統的示範單位，而是租用了靠海的紅燈碼頭海關大廈，盡可能地複製住戶可欣賞到的海景。公司還在附近的標誌性旅遊景點魚尾獅公園舉行推介儀式，在水上燃放煙花，舉行盛大的慶祝活動和音樂派對。為了確保一切順利，郭令明還擔任起濱海舫的首席行銷官，親自

給他認識的人打電話，希望他們能買下單位。除了介紹專案的24小時禮賓服務、配備齊全的水療中心附設咖啡廳和理療室之外，他也告訴大家「這是一個獨一無二的項目，價格非常便宜，他們肯定能賺錢，所以一定要買！為了表示他個人對該專案的承諾，他買下了四個單位。」謝仰豐笑著回憶道：「他遇到任何人都會力邀對方購買，並親自推銷。」這麼做的確奏效。跟保險巨頭友邦保險（AIA）合資的濱海舫於2004年11月以平均每平方英尺約900新元的價格推出其第一座大樓時，需求十分強勁，這個99年地契的專案在開盤的幾周內，681個單位中就售出了約350個，有些買家甚至買下整層的單位。專案有四間頂層單位，買家對其中一間有興趣，郭令明於是放棄了他預訂的單位。他對媒體說：「我是從商業角度來做考量。」他認為，市場對濱海舫的需求預示著新加坡房地產市場在經歷七年的寒冬後開始回暖。他當時說：「就像我在紐約以最好的價格賣出廣場酒店一樣，對我來說，作為一名投資者或一名了解市場的房地產商，我認為新加坡住宅市場正在復甦。」六個月後，他在2005年中公開表示，新加坡的房地產價格將在未來兩三年上漲20%至30%。當地媒體對此持懷疑態度，一家日報甚至還刊登了一幅漫畫，諷刺郭令明在吹牛。

事實證明，郭令明的判斷相當正確。2005年底，政府宣布興建濱海灣綜合度假勝地後不久，城市發展便推出濱海舫的第二座大樓。人們漏夜排隊搶購，售樓處大門一開，就幾乎發生人擠人的踐踏事件，一名保安人員甚至在人群中暈倒。午間報章《新報》

第十五章 熱切等待啟航

說：「新加坡有一段時間未出現這樣的場面。」城市發展開始時只推出第二大廈的100個單位，由於需求太大，很快又另外推出了170個單位。儘管價格漲至每平方英尺1200新元，顯著高於一年前推出的第一大樓，但270個單位幾乎在銷售日結束時全部售出。郭令明非常了解新加坡人的羊群心理。他說：「剛開始的時候自然總是困難的。但是過了一段時間，當所有人都搶著買的時候，新加坡人就無法置身事外了。這是一種心理，我們就利用了這種心理。」

濱海舫的熱銷明顯反映了房地產市場的上升趨勢，尤其是在高端住宅領域。一位新加坡觀察家形容「新加坡私宅市場的七年饑荒」終告結束。謝仰豐說，濱海舫是照亮轉捩點的燈塔。「有了濱海舫和綜合度假勝地之後，一切都好起來了。那些買了單位的人，都賺了大錢！很多人都非常非常開心。」不過，最開心的莫過於決定在辦公樓林立的地方建造住宅的那位，他把實驗成功轉化為一棟地標建築。郭令明說：「當時，我並不知道政府會在濱海灣建造綜合度假勝地，但是直覺告訴我這個專案會成功。濱海舫是我最具代表性的住宅專案，也是我最引以為豪的專案。」不久後，他將在海上打造新加坡的下一個標誌性專案。

第十六章

濱海灣金沙－被遺忘的功臣

「對他來說，滿足感來自完成了任務，
而不是宣傳自己的角色。」

—摩西・薩夫迪（Moshe Safdie）

當時任總理李顯龍在2004年8月宣布，新加坡政府考慮打破幾十年來的禁忌興建賭場時，社會出現興奮、擔憂和恐懼的不一反應。郭令明並沒有這樣複雜的情緒。他當時便意識到，這是重塑國家經濟和形象的正確決定，將從根本上改變新加坡在全球的地位。所以，當一些人基於道德和文化理由公開反對時，他反而公開表示贊同。消息宣布的幾個星期後，他告訴當地媒體：「新加坡必須與時俱進。我們應該促進思維轉變。」他同時還提出了興建賭場的選址建議——從濱海舫可望到的濱海灣填土空地。

當然，考慮到他以往的作風，他絕不會袖手旁觀太久。當政府公開表示新加坡將建造不是一個而是兩個附帶賭場的綜合度假勝地（IR）時，郭令明和城市發展很快就被視為這兩個專案的潛在競標者。然而，郭令明只看中濱海灣的開發專案，對同時招標

第十六章 濱海灣金沙 – 被遺忘的功臣

的聖淘沙項目沒有興趣。當局把濱海灣的重點放在會展和酒店，城市發展因此認為該專案與它的業務更為契合。

據坊間流傳，最理想的得標方案，應該是大型國際博弈業者跟本地房地產公司合作，郭令明因此受到一些賭場業巨頭的垂青。然而，當美高梅夢幻（MGM Mirage）和哈拉斯娛樂公司（Harrah's Entertainment）分別與政府關聯的房地產巨頭凱德置地（CapitaLand）和吉寶置業（Keppel Land）達成合作時，郭氏陣營仍未表態。在2005年初的初步概念徵集活動中，19家公司投標了這兩個地段，但當中不見城市發展的蹤影。

2005年3月，郭令明在城市發展的全年財務業績發布會上對媒體說：「我們根本沒有提交任何計劃。幾乎所有國際公司，包括一些區域公司，都曾跟我們接洽。但我們現階段的立場是不與任何一方合作，因為如果你跟A公司合作，而A公司又沒有得標，那你怎麼辦？我們決定在一旁觀望，當有人得標了，如果他們想談，我們就談。若條件適合，我們就一起合作；如果談不攏，我們就作罷。」事實是，正如他在本書採訪中所透露的，來跟他接洽的對象都沒有讓他留下深刻印象。有的顯得不夠誠意，有些看起來不可靠，大多數雖然還不錯，但也只是平平而已。郭令明發現他們分享的綜合度假勝地概念，雖然設計美觀，但卻不實用。他回憶道：「他們給我很漂亮、很夢幻的設計，但沒有具體細節。是的，它們很好看，但是對經濟有什麼幫助？」即使是加拿大聞名全球的太陽馬戲團（Cirque du Soleil）等娛樂提案也

未能打動他。他在2006年提出質疑：「在商言商，我認為一些競標者提出的方案並不實在……就只是開張支票而已。」曾經多次表示自己不會輕易「結婚」的郭令明在競標過程中公開幽默地表示，「在訂婚之前儘可能認識多一些女性是明智之舉。」

最終，郭令明在拉斯維加斯金沙集團掌門人謝爾頓‧阿德爾森（Sheldon Adelson）身上找到契合點。阿德爾森將通過他在金沙公司的60%股權，把自己的身家投資在這個總額達到68億8000萬美元的專案，這讓郭令明產生共鳴。這與他在酒店子公司千禧國敦酒店持股的做法不謀而合，他說：「我在千禧國敦酒店持有53%股權，它每虧1元，我就虧53分。所以無論我想做什麼，我都必須有信心，並確保我能賺錢。」這讓阿德爾森有別於其他競標者。他在2006年接受媒體採訪時說：「這就是企業家和專業人士的區別。有多少人有信心把錢用在刀口上？」而願意這麼做的人，是出了名講話尖酸刻薄、脾氣暴躁的阿德爾森。郭令明很期待與一位個性幾乎是自己倒影的人比拼與合作。金沙當時在新加坡的負責人喬志‧騰（George Tanasijevich）說，這兩位巨人非常合拍，「他們很快就建立了牢固的關係和深厚的友誼。」當郭令明想去拉斯維加斯金沙時，阿德爾森派他的專機去接這位新加坡客人。郭令明喜歡金沙為濱海灣提出的建議——巨型的會議中心。他說：「在我看過的所有提案中，我認為他的商業模式對新加坡最有利。我見過他在拉斯維加斯的會展和大型購物中心，如果新加坡也有類似的，那就太棒了。就在那一刻，我決定跟他合

第十六章　濱海灣金沙 – 被遺忘的功臣

作。」他回到新加坡以後，告訴他的發言人傑力・席而瓦，金沙「真的很大」。席而瓦說：「這位亞洲大亨對一位比他巨大的人物留下深刻印象，讓我感到非常好笑。」

金沙的阿德爾森與郭令明互相欣賞與仰慕。喬志・騰說：「我們與郭主席和城市發展的的合作天衣無縫，而且進展相當快。在與多家本地公司進行了初步討論之後，我們就把重點放在了他們身上了。」經過幾個月的商談，阿德爾森在新加坡烏節酒店的中餐館華廳見到了郭令明，兩人在晚餐時達成協定。郭令明表示他與阿德爾森非常合拍，他在2006年說：「我們都是務實的人，不像大學生或學者那樣談論理論。我們的目標是釐清什麼可行，什麼不可行。我們不想浪費時間。」

他們同意城市發展在金沙的競標中占15%股份。當這個合作關係在2005年12月公布時，該團隊立即一躍成為領跑者，領先於其他四個財團，包括米高梅—凱德置地，以及哈拉斯—吉寶置業。另外兩個財團分別是雲頂國際（Genting International）和麗星郵輪（Star Cruises），以及澳大利亞出版與廣播公司（Australia's Publishing & Broadcasting）和新濠國際（Melco International）。

郭令明和阿德爾森公開表達他們的友好關係。郭令明說：「如果說誰能開發出具有國際吸引力的綜合度假勝地，那一定是拉斯維加斯金沙。我們在房地產和酒店方面具備豐富和寶貴的經驗，我相信金沙是看好我們可以為它的項目增值。」阿德爾森回敬他說：「城市發展加入我們的新加坡團隊，體現了我們努力彙集本

土和國際頂尖人才的完美組合，這是建設和經營一個成功的世界級綜合度假勝地必須具備的。」市場觀察家也認同這是一個強大的組合。一位博弈業分析師告訴《海峽時報》：「金沙是澳門最出色的外國經營者。它比任何其他美國博弈公司都更了解中國市場，將對新加坡貢獻良多。」加上郭氏家族「對新加坡市場與生俱來的了解」，這個新組合讓其他競爭者感到擔憂。

喬志・騰說，郭令明即刻就投入工作，提供金沙所渴求的本土意見，「他非常直率、坦誠、能幹，他經驗豐富、知識淵博，在綜合度假勝地的設計和規劃方面有很好的直覺。他真正了解濱海灣綜合度假勝地的作用，以及它如何融入政府的旅遊戰略或新加坡市區重建局的總體規劃。他也認識政府內部在這個過程中發揮重要作用的每個人，所以他能夠為我們提供意見，例如怎樣能更好地參與、應優先考慮哪些事項、哪些可行哪些不可行等。我們之間的合作可說是碩果累累，他對新加坡有很好的見解，能夠讀懂重要訊息字裡行間的含義。」郭令明主張金沙將客房數量從800間增加至2500間以上，阿德爾森同意了他也力促讓著名建築師摩西・薩夫迪（Moshe Safdie）取代金沙原有的選擇。他對最初的設計印象不佳，因為該摩天大樓緊臨海岸線，遮擋了綜合度假勝地的海景。阿德爾森也表示同意。郭令明在2006年說：「摩西・薩夫迪是很好的選擇，因為他對新加坡的景觀和政府的總體規劃有深入認識。」這位來自波士頓的建築師在新加坡參與過三項設計：Ardmore Habitat公寓、經禧居（The Edge on Cairnhill）和

濱海灣金沙 – 被遺忘的功臣

新邦新鎮（Simpang New Town）。

郭令明在設計方面很有主見，他在說服阿德爾森保留空中花園之後，又仔細研究了薩夫迪的圖紙和模型。喬志・騰說，郭令明從亞洲人的視角提出觀點。在薩夫迪早期版本的設計中，空中花園是對稱的，兩端都有一個懸臂樑。郭令明和一位風水大師認為這不太好，覺得它看起來像「鳥居」。鳥居是日本傳統大門，通常位於神社的入口處。鑒於亞洲人對第二次世界大戰有慘痛記憶，而新加坡在日本占領期間曾遭受殘酷對待，這種在文化上欠敏感的設計會引起很大爭議。

喬志・騰說：「郭令明和風水師反饋說，該建築輪廓的意象不恰當。」薩夫迪采納了意見，去掉其中一端的懸臂，並將空中花園延長到超出第一大廈67米，成為世界上最大的懸臂。薩夫迪說：「我非常喜歡，因為它讓整座建築充滿活力。」也許是無心插柳，這艘未來主義的空中巨艦與郭令明在濱海堤壩對面的濱海舫，成了絕佳的海上鄰居。

拉斯維加斯與新加坡的結合就像是天作之合。然而，就跟金沙與城市發展大膽結合讓市場大吃一驚一樣，雙方突然拆夥也同樣出人意料。2006年1月，在與阿德爾森簽訂合約一個月後，郭令明宣布城市發展將退出該計劃，震驚了整個世界。城市發展的官方理由語焉不詳，只在一份聲明中提及「與競標有關的一些要求」。郭令明後來解釋說，他們退出是因為監管上的限制，城市發展的一些人不願意披露他們的完整財務背景。他告訴《商業時

報》：「我們釐清了規則與條例後，知道我們不可能辦到，所以我們退出了。」金沙通知城市發展，相關的審查僅限於城市發展，而不包括其他參與的數百家合作夥伴。金沙集團總裁比爾・魏德納（Bill Weidner）公開表示遺憾，他說：「我們覺得我們讓令明失望了。跟我們在新澤西州和內華達州的監管經驗和市場經驗比起，新加坡的要求超出了我們的經驗範圍。」據悉，所須的資訊量是驚人的。就跟要在美國和澳大利亞獲得博弈執照一樣，申請人必須披露債務、抵押貸款、股票、互惠基金、期權、債券、銀行帳戶、房地產、納稅申報，以及完整的財務、過去的就業和法律紀錄，包括配偶和子女的。由於程序嚴格，有人戲稱這些審查像是「脫衣舞表演」般地層層剝開。

新加坡媒體當時猜測，郭令明可能認為不值得為了15%的股份放棄這麼多隱私。《商業時報》寫道：「新加坡調查人員在審查濱海灣綜合度假勝地競標的背景時可能很徹底，確保不遺漏任何重要資訊。因此，富裕且注重隱私的亞洲人，如城市發展的郭令明，可能會覺得這種程度的資訊披露難以接受，最終退出綜合度假勝地的競標，也就不足為奇了。」

然而這並不是完整的故事。另一半的故事微妙地隱藏在城市發展的退出聲明中。聲明說，該公司特別是郭令明，將繼續擔任金沙競標的顧問，但強調僅限於「非博弈方面」。城市發展將在「設計、開發和建設規劃，以及對本土市場的了解等方面」提供意見和支援。郭令明在本書採訪中透露，由於家人反對，他不

濱海灣金沙 – 被遺忘的功臣

第十六章

得不退出。他說：「家中有很多人不喜歡我們參與博弈和賭博活動。他們覺得這不適合我們的家庭。」他的妻子是一位虔誠的天主教徒，她證實：「我說不不不，你們不能合夥開賭場。」

就競標勝出的機會而言，城市發展突然退出對金沙來說，是個沉重的打擊。如果少了這個能將賭博收入回饋新加坡的本地合作夥伴，這個領跑者看起來就不再那麼有吸引力了。喬志‧騰說：「我們沒有怨恨，但我確實為此有些擔心。在沒有本地股權合作夥伴的情況下，那些決策者的看法可能不同，這或許對競標者不利。」

在一陣騷動中，並沒有多少人把郭令明表示他將繼續協助金沙競標的話放在心上，許多人認為他只是在面子上這麼說。但他證明這些人是大錯特錯。接下來的三個月裡，他在幕後與薩夫迪一起完善建築設計。他清楚地知道政府希望在濱海灣建造一座標誌性建築。在金沙向新加坡一個部長級小組做最後陳述的前夕，郭令明甚至在午餐時間接受媒體長達三個小時的訪問，是非常罕見，也是對阿德爾森和金沙最大支援。他強調說，大型會展模式是吸引高消費商務遊客的最佳選擇，對於新加坡這樣一個成熟的旅遊目的地來說是最理想的。第二天，他與金沙代表團一起向部長小組做了75分鐘的介紹。正如喬志‧騰所說：「所以，他們當時並沒有退出這個項目，他們只是決定不當股權合夥人罷了。」

這種無私的行為讓許多人感到困惑，他們想知道，既然他不再參與這場遊戲，他又能從中得到什麼呢？他在2006年告訴記

者：「你也許會問我，既然我在這個專案中沒有經濟利益，為什麼還有興趣幫助他們？原因很簡單：我愛新加坡。我希望看到新加坡的綜合度假勝地能成功。」他在接受本書採訪時說，他是從長遠和宏觀的角度出發。他解釋道：「如果這個專案成功，經濟就會回暖，每個人都會受益，包括我在內。遊客會越來越多，酒店生意也會越來越好。我不是一個只顧自己而不顧他人的商人。我想協助發展我們的經濟，不希望經濟停滯不前。」新加坡前貿易與工業部長楊榮文也表示，這是郭令明在事業生涯中一貫堅持的立場。他說：「他以宏觀的視野看待整個行業，從不以狹隘的自身利益出發。他從來不會為了自己的專案做遊說。從來都沒有。」

儘管一波三折，金沙還是從競標中勝出。2006年5月，新加坡政府宣布，金沙奪得這顆全球博弈業最炙手可熱的皇冠明珠。魏德納很快就接到這個好消息，當時他正要前往曼谷千禧希爾頓酒店（Millennium Hilton Bangkok）開業的新聞發布會，在途中遇到交通堵塞。儘管城市發展和郭令明已退出股東行列，但魏德納還是很快地向他們表示謝意。

他對媒體說：「憑藉城市發展及其執行主席郭令明的寶貴見解，再結合我們內部建築管理團隊的實力，我們的目標是打造東南亞第一的綜合度假勝地，不只是讓新加坡人受到鼓舞，也要吸引海外遊客。」

就這樣，郭令明為後來舉世聞名的濱海灣金沙所做的貢獻，

第十六章 濱海灣金沙 – 被遺忘的功臣

悄然消失在少數人的私人記憶中，也塵封在報紙的檔案中。即使在新加坡，許多人也早已忘記或不知道他曾在這個無可爭議的新建築地標中所扮演的角色。2010年綜合度假勝地開幕，隻字未提起郭令明。然而他對此絲毫不以為意。他說：「我為什麼要讓人們知道？宣傳嗎？我只想腳踏實地而已。我可以幫助經濟發展就很感恩了，僅此而已。」

第十七章

經濟大衰退

「危機降臨時，合夥人都沒錢了。即使他們有錢，也不會想把錢投入這個項目，我們當時的日子很難過。」

——城市發展集團總經理謝仰豐

風水輪流轉，郭令明終究回到美芝路（Beach Road）。他父親最初就是在這條街上創辦豐隆公司，當時的豐隆只有一間店面，從事綜合貿易。70年後，郭令明在同一條街的一棟大樓俯視一大片空地。他的朋友兼房地產顧問戴玉祥（Edmund Tie）在邵氏大廈的辦公室接待他，戴玉祥說：「你必須投標這塊地。」郭令明知道他是對的。雖然新加坡在快速填海造地後，原來的海灘沒了，這個地方早已失去了它名字「Beach」（海灘）的意義，但它仍然是一塊黃金地段。在它的北面、美芝路的另一側，是具有歷史意義的萊佛士酒店（Raffles Hotel）。尼詰大道的另一側則是新加坡最大的購物中心和會展中心之一的新達城（Suntec City）。房地產分析師甚至將這個地段形容為新加坡最後一塊標誌性地段。

這引起郭令明的興趣，他對標誌性專案情有獨鍾，也很希望打造地標專案。美芝路這個新址將成為他在新加坡濱海區的又一

第十七章 經濟大衰退

顆璀璨明珠，成為他「南部大戰略」畫龍點睛之筆——從聖淘沙到濱海舫，途中會看到他曾短暫參與的濱海灣金沙。但美芝路這塊充滿優勢的地段，由單獨一人或一家公司來發展的話，規模過於龐大。這個租期99年的專案，總建築面積達14萬6827平方米，城市發展單憑一己之力無法完成。這個綜合開發專案包括酒店、辦公室、住宅和商店等，因此需要一個由多家公司組成的財團來開發。

郭令明找到了最不可能的合作對象。他先找了以色列的El-Ad房地產公司，這家公司在三年前的2004年從他手中買下了紐約廣場酒店，他們很感興趣。然後，他又找到了第二個合作夥伴——阿拉伯聯合大陸大陸迪拜政府的投資公司杜拜世界（Dubai World）。這讓世人大吃一驚。就像他在廣場酒店的出售案中扮演阿爾瓦利德王子（Prince Alwaleed）和El-Ad之間的中間人一樣，郭令明將再次證明，他有能力為阿拉伯和以色列牽線搭橋，這是世界上很少有人做得到的。他開玩笑地說：「我應該獲得諾貝爾和平獎。」

讓他沒有意料到的是，他牽線的工作竟然做得如此出色，以致於阿拉伯人和以色列人竟然聯合起來對付他！這個部分稍後再詳述總之，財團提交了一份強有力的提案，旨在從雙信封招標中脫穎而出。所謂雙信封招標，就是新加坡市區重建局先評估概念方案，然後再看投標價格。第一個信封的遴選看的是設計，差勁的設計會被淘汰，不會進入第二個信封的遴選階段，而第二個信

封就會揭示投標金額。郭令明曾在濱海灣金沙參加過類似的投標過程，他知道當局是認真的，必須提交一份能得標的設計，價格的事以後再說。

建築師摩西·薩夫迪表示對這個專案很感興趣，但城市發展集團總經理謝仰豐說，郭令明決定還是讓薩夫迪專注於濱海灣金沙的專案。儘管郭令明已不再是這個綜合度假勝地的一份子，但他對該專案的熱情依然不減。郭令明後來選擇了英國建築師諾曼·福斯特（Norman Foster），他負責北京首都機場新航站樓的設計，是中國2008年夏季奧運會舉辦歡迎儀式的標誌性建築，在全球引起廣泛關注。

福斯特和團隊的設計，具有突破性的綠色特點，例如傾斜的前沿外牆可以捕捉氣流並將它引向地面，大樓的水可收集到地下水箱，還有太陽能系統可最大限度地利用太陽能為外牆提供照明。中心部分是一個280米長的微氣候頂篷，不僅可以遮陽，還可以收集雨水用於景觀灌溉，安裝太陽能電池板提供可再生能源，並將兩座新的大樓與保留建築融為一體。專案的所在地是新加坡1967年首次徵召國民服役人員的地點，也是這個新興國家徵兵制度的起點。市建局對該專案的要求之一，是設計必須融合並銜接四座原本屬於舊美芝路軍營的保留建築。現代化與環保兼顧，並與歷史韻味完美融合。

郭令明的計算完美無瑕，對局勢也了如指掌，他知道要如何在雙信封競標中勝出。當他的人生重回到美芝路時，他清楚

知道該如何制定戰略。在提交的七份投標書中，有五份沒有進入第二階段，包括邦典置地集團（Pontiac Land）與摩根史坦利（Morgan Stanley）的合資企業、吉寶置業（Keppel Land）與長江實業（Cheung Kong）、凱德置地（CapitaLand），以及華聯企業（Overseas Union Enterprise）的兩份標書。只有城市發展領頭的財團，以及吉寶置業與長江實業的另一家合資企業進入第二個信封階段；出價較高者將得標。城市發展財團的出價是16億9000萬新元，比吉寶置業和長江實業的出價13億9000萬元高許多，這個價格相等於總建築面積每平方英尺1069新元。

郭令明與城市發展及合作夥伴欣喜若狂。市建局讚揚它的方案「令人信服，極具吸引力，將成為真正與眾不同的開發專案、新加坡綠色建築的典範」。城市發展在興奮之餘還略帶誇張地說，這個名為「風華南岸」（South Beach）的開發專案建成後，將成為「新加坡革命性的新生態區」。就連郭令明也忍不住誇口：「我們相信，風華南岸將提升新加坡作為全球城市的獨特品牌形象，並有助於吸引更多來自世界各地的知名投資者。」

但這份歡愉並沒有持續太久。幾乎就在結果宣布的同時，落敗的競標者就對城市發展的勝利表達了不滿，促使《商業時報》以「得標價為綠色專案添色」為題作了報導。報導說：「一座新的生態地標建築昨天揭幕，在多方面成為全城話題。城市發展率領的財團贏得前武裝部隊仕官俱樂部（NCO Club）/美芝路兵營的地段，讓人有點羨慕。

觀察家指出，近16億9000萬新元的標價據信比最高投標價低了約5億新元，而最高的投標價甚至沒有入圍第二個信封的階段。「謝仰豐說，根據市場小道消息，最高出價超過20億新元，未能得標者通過非正式渠道公開表達不滿。」有很多人不高興，說他們的出價比我們多5億元，但還是輸了。事情鬧得很大，但對我們來說，我們不論在設計上或價格上都是贏家。新加坡的制度非常透明，一旦敲定了，就不會回頭。這個專案從一開始就有一些爭議。」儘管外界冷嘲熱諷，但這比起三個合作夥伴之間很快爆發的內部糾紛，真的是小巫見大巫。

2008年9月，次貸危機最終導致雷曼兄弟（Lehman Brothers）倒閉，風華南岸財團三足鼎立中的兩足隨之倒下。總部設在美國的El-Ad公司受到美國經濟和房地產市場崩潰的嚴重影響，希望撤出該專案。到2009年底，杜拜世界也陷入嚴重財務困境，他們想退出風華南岸專案的傳言充斥市場。謝仰豐說：「危機降臨時，合夥人都沒錢了。即使他們有錢，也不會想把錢投入這個項目，我們當時的日子很難過。」

郭令明的侄子郭益升是他已故弟弟郭令裕的兒子，當時剛剛加入家族企業，他回憶起那段艱難的開端時說：「當時真的不容易，因為他們兩邊都在刁難我們，而且不願意投入一分錢。」雙方還擱置了可能存在的地緣政治分歧，一起對付城市發展。郭益升補充說：「他們要我們降低建築成本，要我們跟銀行商量，為項目爭取更多融資。他們說『別跟我們要更多錢』。」不多

久，El-Ad和杜拜世界便一同指責城市發展沒有管理好專案。郭益升說：「充滿了火藥味，他們一起對付我們，讓我們無法推進專案，很多決策都被卡住了。作為本地合作夥伴，這關係到我們在新加坡的聲譽。我們吸取了不少教訓。」

城市發展高級職員透露，有時候，郭令明跟以色列人和阿拉伯人之間的關係會惡化到只有叫囂。謝仰豐說：「董事會議有很多爭執。主席非常堅持對方必須做某些事情，不能扯專案的後腿。在一些會議上，主席甚至對他們大喊大叫。他非常堅持，不輕易讓步，據理力爭真的把對方罵個狗血淋頭，聲音很大。他想把專案做好，而當時的情況很緊張，因為危機耗盡了所有資金，而當他們沒有錢的時候，他們就不顧一切地行事。」

郭令明在2009年12月接受媒體採訪時說，雖然作為合資夥伴的城市發展有優先承購專案股權的權利，但價錢要對。他說：「我聽說他們當中的一方或雙方可能想退出，如果他們真的想退出，顯然會先來找我們，開給我們一個價錢。事實上，我們試探過他們是否想要退出，如果想套利退出，我們就分道揚鑣。有些人想要退出，有些人想要繼續，因為他們看得更長遠。這種需要四五年時間來發展的專案，你不能因為市場轉向就說我不再感興趣了。如果你相信新加坡的未來，你必須以中長期的角度來看待它。」原定2012年竣工的風華南岸專案不得不推遲，城市發展於2008年底宣布，將展延至建築成本降低後才啟動工程。

而在同一個時間，郭令明還得忙著為豐隆金融滅火。他的公

司在新加坡銷售大量跟雷曼兄弟有關聯的高風險金融產品，是最大的單一銷售機構，因此被新加坡金融管理局調查了長達七個月。豐隆金融向2781名投資者出售總價值1億零620萬新元的迷你債券（Minibond）和富峰（Pinnacle）結構票據，其中428名投資者沒有任何投資經驗。新加坡金管局禁止豐隆金融在兩年內銷售任何結構票據，這在10家受處分的金融機構當中，是最嚴厲的禁令。豐隆金融前總裁伊恩‧麥唐納回憶說，在一次豐隆金融應對危機的會議上，郭令明從旋轉樓梯飛奔而上，迫不及待地要與那些銷售過產品的人面談。麥克唐納說：「他非常希望解決問題。他有長遠的目光，決不會掩蓋問題。」

郭令明決定為這次事件，讓豐隆金融在新加坡支付最高的賠償金額，總計約5760萬新元，即95.5%的事主獲得了全額或部分賠償。他還於2012年在紐約起訴摩根史坦利，指這家華爾街投行欺詐性地銷售設計失敗的投資產品給豐隆。豐隆集團前財務總監李順意說：「他很快就表態，我們不能被一家大銀行欺負。」豐隆金融在起訴書中說，它是「摩根史坦利陰謀的不知情受害者」。但這家新加坡公司敗訴了，一年後，美國法院以豐隆金融在美國沒有任何業務或客戶，以及缺乏管轄權為由，駁回了訴訟。

而在風華南岸，僵局仍持續著，兩個合作夥伴都不願投入資金啟動工程。2009年中，該專案獲得銀行和一家香港房地產發展商提供的12億新元夾層融資，解決了當下的資金危機，但這三方不愉快的合作夥伴，仍在積極尋找新的投資者接手專案。到了

2010年，財團得標已經三年，工程仍未展開，再進一步拖延，就無法在市建局規定的2016年期限完工。

杜拜世界終於在2011年為它的股份找到買家，價格為1億5500萬新元。城市發展同意行使優先購買權，買下合資企業的三分之一股權。El-Ad也找到買家，對方是總部位於馬來西亞的綜合企業IOI集團，這是一家領先全球的棕櫚油企業。隨後，城市發展和IOI集團就股權進行了重組，把IOI集團的持股提高到49.9%。城市發展持有50.1%多數股份。雙方都注入了新的資金贖回夾層票據。漫長的煎熬終於結束，工程於2011年展開。

然而在過程中，城市發展和IOI集團之間出現了一些磨合問題。馬來西亞方面希望持有平等股權，向新加坡方面施壓把0.1%的股份賣給他們。但曾被阿拉伯—以色列夥伴傷害的郭令明拒絕了。謝仰豐說：「對方要控制權，但主席堅持不給。雙方在會議上無法達成共識，而我們已經安排好在會議後一起午餐。噢，午餐的氣氛很緊張，大家默默地吃著都不說話，太彆扭了！我甚至連切肉都不敢！」

不過郭令明下達指示，在經營上要把IOI集團當作平等的合作夥伴，所有重大決策都要徵求馬來西亞方面的意見。項目終究在2016年竣工，比正式期限提前了幾個月，最終的成果是一片令人驕傲的城市綠洲，與大多數緊湊型的市中心開發專案不同，它有廣闊的空間。在萊佛士酒店和新達城這兩座較低矮的建築襯托下，風華南岸顯得非常高挑而引人注目。它就像一個外星來客但

卻與周圍的環境巧妙搭配融合，魅力四射。

　　自此以後，它兌現了作為綠色建築的承諾，在2019年贏得了亞細安能源獎，並獲得新加坡最高等級的綠色建築標誌白金獎（Green Mark Platinum）。2021年，市建局還授予風華南岸歷史建築修復保育工程獎（Architectural Heritage Awards），以表彰它在保護古跡建築方面所做的努力。九年的噩夢終於畫上圓滿的句號，豐隆和郭令明終於回到了美芝路。這是對公司創始人、他的父親最好的紀念。這場風波終於圓滿收場，但下一場充滿戲劇性的挑戰就不會有這麼愉快的結局了。

2004年，郭令明出席新加坡瑞吉酒店（The St.Regis）的動土儀式（上圖），並在2008年4月與郭佩玲一起出席酒店的開幕儀式（下圖）。該酒店被公認為當今新加坡最好的五星級酒店之一。

郭令明出席濱海灣金沙發展專案的揭幕儀式。他和建築設計師摩西·薩夫迪（Moshe Safdie）（上圖，右）合照。下圖左一為拉斯維加斯金沙集團（Las Vegas Sands）掌門人謝爾頓·阿德爾森（Sheldon Adelson）。

照片版權：新加坡《海峽時報》與《商業時報》

郭令明出席2012年新加坡聖淘沙灣W酒店的開幕派對。這家五星級豪華酒店距離新加坡市中心僅幾分鐘車程。左起：史蒂芬・法布雷格（Stephane Fabregoul，聖淘沙灣W酒店總經理）、郭令裕（城市發展董事總經理）、林勛強（時任貿工部長）、郭令明（城市發展執行主席）、何國祥（喜達屋酒店及度假村亞太區總裁）。

郭令明在開幕儀式上致辭時表示，新加坡聖淘沙灣W酒店與聖景灣（Quayside Isle），將同時為聖淘沙灣增添活力，提供前所未有的濱海生活方式。

高檔海濱購物中心聖景灣緊鄰新加坡聖淘沙灣W酒店，是該綜合豪華海濱勝地的第一個，也是唯一的餐飲和零售場所。（上圖與下圖）

郭令明、他的嬸嬸（左）和郭佩玲在拉斯維加斯參加堂弟郭令燦的70歲生日派對。郭令明母親去世後，是嬸嬸（郭令燦的母親）肩負起照顧他的責任。

2012年郭令明與妻子郭佩玲以及時任文化、社區及青年代部長及通訊及新聞部高級政務部長黃循財（正中，白衣黑褲無領帶者）為亞洲文明博物館郭芳楓側廳舉行動土興建儀式。

在郭芳楓創辦豐隆近70年後,郭令明又回到父親當年創業的地方美芝路,並於2016年在同一條路上完成名為「風華南岸」(South Beach)的地標專案。從聖淘沙到濱海舫(The Sail)到「風華南岸」,都有郭氏家族所開發的精品地產專案。

第六部分　積極尋求解決方案

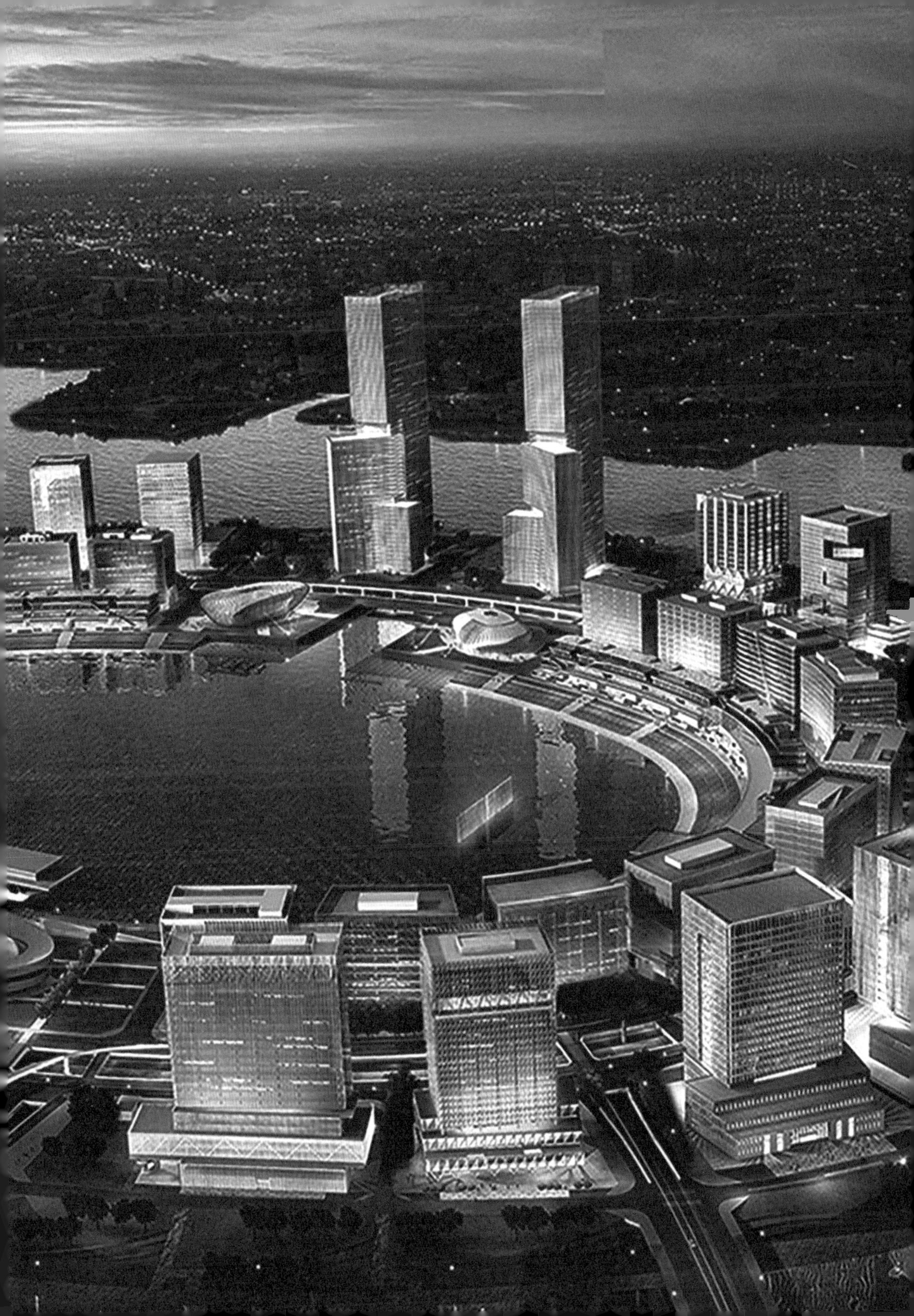

「我要找的人是：有雄心壯志，
善於解決問題，並具遠見卓識，
否則公司無法成長。」

——郭令明

第十八章

協信遠創

「市場擔心，在關鍵時刻，這個關係緊密的家族內部出現了罕見的意見分歧，會導致這個企業王國分心而無法專注。」

——2020年12月，彭博社

郭令明帶領家族業務征服亞洲、美國、歐洲、紐西蘭甚至是中東，但卻很明顯地單單漏掉了中國。他把進軍這個全球最大市場的挑戰，交給了他的兒子郭益智。作為第三代傳人的郭益智在2010年創辦城市發展（中國）公司，希望把城市發展在新加坡房地產市場的成功經驗，複製到這個全球第二大經濟體。這是一項艱巨的任務，尤其是考慮到該家族在中國一直不順利。中國在許多方面是郭氏家族最棘手的挑戰。

1990年代中期，中國在天安門事件後開始改革，豐隆委託新加坡前副總理吳慶瑞為顧問，準備進軍中國的酒店業，然而進展緩慢。吳慶瑞是中國政府改革開放政策的顧問。

差不多在同個時期，豐隆收購了中國著名電器品牌新飛電器（Xinfei Electric），該品牌的冰箱在中國家喻戶曉。新飛隸屬豐隆

協信遠創

第十八章

集團旗下發展貿易與工業事業的豐隆亞洲（Hong Leong Asia）。2018年新飛電器破產，豐隆亞洲虧損4350萬新元。觀察家Jack Xu於2020年2月在微信寫道：「投資新飛是豐隆集團在中國的滑鐵盧之役」。不過，他把話說得太早了，還有一場更大的戰役就要降臨。

一筆看似顛覆城市發展的交易，最終卻因為地緣政治和大流行病失控，成為一場災難。儘管郭令明多次滿懷信心地克服了各種危機，但遇到新冠疫情、合作夥伴潰敗，還有家庭問題的三重打擊，對他來說是異常艱巨的挑戰。

他的滑鐵盧經歷，從郭益智試圖拓展城市發展中國業務開始。他發現在中國的進展比預期要慢得多，平均每年只發展一個專案。他說：「我們進軍中國市場已經遲了，2010年才成立城市發展（中國）公司，發展得非常緩慢，而我一直相信如果不能在某個市場區隔或地區實現規模發展，就永遠無法成為市場主力，也無法建立規模經濟。沒有規模，就連招聘員工也是巨大的挑戰，在中國沒有人真正認識城市發展。」

2018年，他找到了一個讓城市發展（中國）躋身國內頂級開發商行列的途徑，入股位列房地產百強的中國開發商協信遠創（Sincere Property Group）。城市發展的業務一下子從三個城市擴大到20個城市，在一二線城市有一系列的開發專案。協信遠創集團在中國大陸18個城市有64個開發專案，開發土地庫存總建築面積達920萬平方米。

郭令明贊同兒子的遠見和想法。他說：「益智希望通過這個平台在中國擴展業務。」他經人介紹認識了協信遠創的創始人兼領導人吳旭，並留下深刻印象。他回憶道：「益智和我跟他見面，他向我們介紹了上海。我們觀察他的工作方式，他有一流的人脈關係和商業智慧。直截了當地說，他給我們留下了深刻的印象。我相信，無論我們與他開展何種合作都有不錯的成績。」

祖父、父親和兒子如出一轍，郭氏父子在協信遠創身上找到能讓他們在中國房地產界大展拳腳的捷徑。就跟1969年收購城市發展、1995年收購國敦酒店，和1999年收購富豪酒店的情況一樣，協信遠創這筆最新的大宗收購，將把豐隆和郭氏家族的成功推向一個全新的高度。郭令明和郭益智甚至用了同一句話來形容這些具有里程碑意義的收購：「大筆一揮，我們就可以……」

2019年5月，城市發展宣布將以55億元人民幣（約合11億新元）的價格收購協信遠創公司24%股份。這是城市發展迄今在中國最大的一筆投資。郭益智在記者會上說：「這項收購將徹底改變我們的公司，特別是在中國。過去七、八年，我們只能一個專案一個專案地買，但現在不同了，我們可以一次購買更多專案，跟我們的合作夥伴並肩大規模擴展，他們對當地情況非常了解。」與此同時，城市發展宣布委任郭益智為董事會執行董事，加入父親和堂叔郭令柏的行列。

對郭益智來說，一切都很順利。他說：「作為中國百強開發商，協信遠創將是我們在中國發展的重要平台，我計劃最終將它

第十八章 協信遠創

更名為城市發展（中國）。它能讓我們在中國成為一家強大的公司，像在新加坡一樣強大。我買的是一個擁有大量土地儲備和龐大團隊的平台，而不僅僅是一組資產。這與我們集團當年在城市發展處於虧損狀態時接管它的情況相似。顯然的，它們的關鍵區別在於協信遠創背負著沉重的債務負擔，需要進行去槓桿化和重組。」

在城市發展對協信遠創進行盡職調查時，新加坡方面發現這家中國公司的財務狀況比他們預想的要壞。與中國大多數開發商一樣，協信遠創的槓桿率很高。2019年5月的淨資產負債率已經達到200%。隨著中國在2020年初陷入新冠疫情危機，協信遠創的情況變得越來越糟，債務負擔高達60億新元。郭益智沒有被嚇退，反而看到機會。由於協信遠創沒有滿足某些條件，2019年的交易並沒有完成。郭益智想要以比2019年商議的價格更優惠的價錢，獲取協信遠創公司的控制權。他說：「我覺得我們可以拯救協信遠創，讓它轉虧為盈，那麼中國將成為我們最大的市場之一。」

他建議收購51.01%股份，比2019年商議的多一倍有餘，價錢也更低，是43億9000萬元人民幣（約合8億8000萬新元）。該方案還包括一項認購權，城市發展可行使該認購權，以同樣估值——7億7000萬元人民幣，購買該公司額外9%股權。如此一來，城市發展將以51億6000萬元人民幣的總價持有該公司60.01%的股份。這個方案在2020年初提交城市發展董事會尋求批准。郭

益智說，在長達三小時的會議上，董事們展開了激烈辯論，公司的裂痕已經出現，由八人組成的董事會投票表決，郭益智因是提議人所以沒有投票，最終以險勝票數通過協信遠創的收購案。

2020年4月，城市發展宣布相關收購。在提交新加坡交易所的聲明中，城市發展明確表示它是在利用廉價急售的機會：「鑒於新冠危機的不利影響和全球不確定性，城市發展藉此在投資協信遠創的談判中開出新的條款，這些條款比去年宣布的顯著改善。」郭益智說，這是一項「突破性的投資」，並對城市發展與協信遠創的合作非常樂觀。他說：「1+1可以大於2。」但很快就有分析師質疑城市發展是否在「一擲千金」，因為這筆交易被推遲後，協信遠創的估值已大打折扣。

這個時候新冠疫情開始摧毀全球經濟，城市發展的酒店業務受到嚴重影響。邊境關閉，遊客幾乎消失殆盡，這是全世界幾代人從未見過的局面。新加坡政府在2020年4月宣布疫情「阻斷措施」令整個國家進入半封鎖狀態，郭益智的談話是通過虛擬會議發表的。

更糟糕的是，城市發展遭遇到來自中國政府始料未及的打擊。2020年8月，中國金融監管機構開始提出措施，對協信遠創等高負債開發商進行監管。在被廣泛稱為「三條紅線」的舉措中，開發商的借款上限進一步被收緊，這讓協信遠創幾乎不可能扭轉頹勢，除非注入大量資金。城市發展董事楊烈國說，城市發展在那個時候不可能投入更多資金。他說：「若不是三條紅線，

第十八章 協信遠創

我們還可能熬得過去。但協信遠創已經到了無法挽救的地步。」城市發展董事會開始動搖，贊同交易的微弱多數即將讓步。

持有城市發展控股權的豐隆集團郭氏家族內部也在暗流湧動。家族中有人不贊成協信遠創的交易，希望減少相關損失。這筆損失，包括向協信遠創提供的投資和貸款在內，高達18億新元。他們致函郭令明和郭益智，要求阻止協信遠創的交易。為了迫使堂兄和侄兒解決問題，城市發展董事郭令柏出乎意料地於2020年10月向董事會辭職。

雖然他們之間的關係幾個月來都很緊張，但執行主席郭令明和首席執行長郭益智都沒料到郭令柏會辭去擔任了30多年的職位。郭益智說：「我們不知道他要辭職，大家都很震驚。」郭令柏在辭呈中表示，離職是因為他不同意董事會對協信遠創的投資，以及公司對酒店業務的管理。這次的離職可說是不歡而散。

不出所料，這立即引起媒體的關注。新加坡《商業時報》稱這是城市發展歷史上「最令人震驚」的事件之一。彭博社說，郭氏家族內部出現了不同尋常的分歧，根據彭博億萬富豪指數排名，郭氏家族的身家在2020年達到165億美元。郭令明的妻子、郭益智的母親——郭佩玲首次公開評論這一事件時毫不諱言地說：「這起事件傷害了我的丈夫，傷害了我的大兒子，也傷害了我。他們沒有與我們共同進退，這讓人非常失望。」這次的分裂暴露了郭氏家族多年來的問題。郭氏家族的業務主要分為新加坡和馬來西亞兩個部分。郭氏家族有四個分支，由郭令明的父親郭

芳楓,和他的三個弟弟分別領導,他們都已不在人世。自1990年代以來,新馬兩地的市場不時談論這個家族的內部矛盾,但郭氏家族一直都能將彼此的分歧隱藏起來。

郭令明的侄子郭益升說,跟印度安巴尼家族(Ambanis)和澳門何氏家族公開激烈鬥爭不同的是,郭氏家族能維持穩定關係。他說:「每個家庭都有自己的問題,我們家也不例外,但一直都非常私密。任何不愉快的事,我們都會私下討論,這是第一次公開表態。」許多在豐隆工作了很長時間的員工在接受本書採訪時表示,不同宗族成員之間的關係一直都很友好。郭佩玲說,每逢春節,家族成員都會相互拜訪,妯娌間也經常保持聯繫。

在家族內部壓力越來越大的時刻,另外兩名不贊成協信遠創項目的董事也加入了郭令柏的行列,在接下來幾個月辭職。觀察家說,這些董事的離職震撼了城市發展和新加坡市場。《商業時報》的一名評論員這麼寫道:「這讓市場把注意力集中到協信遠創的問題上,並引發了城市發展股票的拋售。」2021年初,財務顧問德勤會計師事務所對協信遠創進行審查後,郭令明決定放棄這筆交易,註銷城市發展在這家中國公司的幾乎全部18億新元投資。這意味著該公司2020年全年淨虧損19億2000萬新元,而前一年的盈利是5億6460萬新元。這是城市發展自1970年代初以來首次出現全年虧損。雖然郭令明對協信遠創寄予厚望,但這筆交易並不成功。他說:「我沒有意識到我們和他的想法是不同的。」那個「他」指的是吳旭。「我們後來才發現,他的行事方式跟我

第十八章 協信遠創

們所期待的有所不同。」

這對郭益智來說是一個沉重的打擊,他本來認為城市發展可以幫助協信遠創在中國疫情結束後扭轉命運。他說:「這次投資失利對我的名聲造成巨大損害,讓我遍體鱗傷。這是我事業生涯中最黑暗、最艱難的時期。儘管如此,我還是從這次事件中吸取了很多教訓,今後會更加謹慎行事。」郭令明說,「他的兒子必須從這次慘痛教訓中學會盡職盡責,更重要的是必須學會往前看。」這位家長強調,糾結於損失是毫無意義的。他在2021年2月的城市發展業績發布會上說:「我們不應該不斷談論協信遠創……我們現在必須忘記所有這些舊的話題……我們必須向前看。」在協信遠創瀕臨破產之際,城市發展和這家公司在接下來的幾個月互相抨擊。據彭博社報導,協信遠創在2021年3月錯過了償還到期債券本金的最後期限。三個月後,協信遠創在中國法院被起訴破產。2021年9月,郭令明決定與協信遠創斷絕一切關係。他以1美元的價格退出了這項命運多舛的投資,將他在這家中國公司的股份出售給一家在塞席爾共和國註冊成立、與他公司毫無關聯的第三方。

他說:「我是一個非常果斷的人。我做了決定就鬆手,一切結束。讓我們繼續往前走,不要每天擔驚受怕,憂心忡忡。有什麼好擔心的?你必須放輕鬆,然後就能好好地繼續幹了。沒事的。前幾天,我在網上看到非常喜歡的一句話:『成功人士不會把注意力集中在問題上,而是專注於尋找解決方案。他們把解決

方案餵飽，讓問題餓死。」換句話說，當問題出現時，我們去解決它。與其抱怨問題、問題、問題、問題，不如尋找解決方案。後來有人問我，能不能保證不再犯同樣的錯誤？我告訴他們，『你怎麼能說永遠不會呢？』我是個務實的人，在商場，你永遠不能說永不。關鍵是遇到問題的時候，要找到解決方法。」

楊烈國也認為，雖然這個決定不容易，但退出是正確的，「否則情況會變得更糟。如果我們在2021年不放手，2022年的情況也不會好到哪裡去。我始終相信如果我們不止步，我們會損失更多錢。他表示，儘管協信遠創的交易很大程度上是在郭益智的領導和管理下完成的，但這仍然是郭令明事業生涯中罕見的重大污點。他強調：「公平地說一句，如果不是因為協信遠創，城市發展的表現一直都很好。一家公司可以損失18億新元依然屹立不倒，這可不是開玩笑的。」與郭令明關係密切的人說，新冠大流行的封鎖、協信遠創的失敗，以及家庭衝突等綜合因素，顯然影響了他，但他本人展現出典型的不服輸態度。當被問及協信遠創是否是他事業生涯中最艱難的挑戰時，他略帶冷笑地回答說：「我不這麼認為。」修復家庭裂痕需要很長的時間。幾乎沒有人注意到，在2021年初，也就是在協信遠創事件最艱難的時刻，郭令明已經在部署下一步重要的商業行動，以實現令人矚目的東山再起。

第十九章

Hwaiting！來吧！

「所有事情都在同個時候發生。」

——城市發展集團首席營運長郭益升

在新冠大流行和協信遠創危機期間，出現了一個意想不到的機會。2020年8月，一位來自韓國的買家聯繫了城市發展，有意收購首爾千禧希爾頓酒店（Millennium Hilton Seoul）。郭令明的侄子郭益升，當時是集團的首席戰略官，他接到一通突如其來的電話，表示希望以超過7000億韓元（約合4億9000萬美元）的價格收購該酒店。這個時機再好不過了。大流行病期間，郭令明的酒店生意大受影響，協信遠創的虧損又越來越糟，他的家族成員迫切希望看到情況有所改善。這次與韓國買家合作的機會是郭令明反擊的契機，用韓國人的話來說，就是「Hwaiting！」，意思是「加油！」，或直接點說就是「來吧！」。

該酒店的運營是個噩夢，這在公司內部已是公開的秘密。雖然郭令明在1999年亞洲金融危機之後，很自豪地從大宇公司

第十九章　Hwaiting！來吧！

（Daewoo）手中得到了這家酒店，但管理起來並不容易。從一開始，這塊位於南山腳下的寶地就不斷出現麻煩。希爾頓酒店違反了競業條款，在隔壁又開了另一家希爾頓酒店。新加坡方面不得不將它告上法庭。大宇公司前董事長金宇中因貪污罪被送進監獄後，城市發展也因為酒店頂層閣樓的使用問題，跟他打過官司。

不過，豐隆投資控股集團財務總監楊為彬說，跟酒店工會帶來的挑戰相比，這些都是小問題。她說：「我們遇到很多工運問題。也想了很多辦法來解決。但由於工會的關係，成本居高不下，我們賺不了多少錢。想要保持競爭力，酒店客房價格的調漲幅度是有限度的。」

郭益升指出，外國業主加入後，酒店的工會變得更強大，20年來在管理上是一大挑戰。他說：「來自工會的挑戰一年比一年嚴峻，他們每年都會因為薪酬問題威脅要罷工。加上受到日本和中國地緣政治緊張局勢的影響，也造成盈利率下降。這是一項讓我們頭疼不已的資產。」千禧國敦酒店曾在2008年嘗試以5750億韓元脫售該酒店，但由於買家韓國房地產開發商Kangho AMC在全球金融危機期間違約，結果交易告吹。

脫售這項麻煩資產的機會在2020年又再次出現。千禧國敦酒店剛在一年前退市，這讓新加坡管理層可更自由地進行交易談判。經過六個月後，也就是在2021年2月，終於與韓國最大的房地產管理公司之一的IGIS資產管理公司簽署了一份備忘錄，以8250億韓元（約合5億8000萬美元）脫售酒店及其毗鄰地段。

這跟郭令明在1999年支付的2億1350美元相比，是一筆可觀的利潤。此時正逢新冠大流行，又發生了協信遠創事件，郭令明確實需要贏下一局。每個人都認為這個時機恰到好處。

然而郭令明卻不這麼想。他覺得他可以做得更好。他相信酒店有更高的價值。事實證明，他其實並非真的這麼急著脫售。2021年6月，他命令團隊放棄這筆交易，這讓郭益升非常震驚。他說：「我們為此花了大約一年的時間，還支付了一大筆律師費。但是，主席覺得這筆交易不划算，他認為這個資產的價值超過1萬億韓元。我們覺得這是一個很大的風險。我們甚至無法得到一個獨立的估值，因為作為一家酒店它值不了多少錢，而誰也無法猜測合適的買家會在這塊地皮上做些什麼，價值又會是多少。」但郭令明認為脫售條件對公司來說根本不理想，城市發展必須支付提前終止希爾頓服務的費用，還必須補償被裁退的工會員工。

新加坡方面終止談判的幾周後，韓國方面又提出更高的獻議價。新的價格終於達到郭令明的預期——1萬1000億韓元。（約合8億4500萬美元）郭令明將22年前的價格翻了近兩番，淨賺約4億美元，這成為他事業生涯中最賺錢的專案。郭益升說：「實現創紀錄的盈利並不容易。他的立場堅定，看穿他們在虛張聲勢，最終我們幾乎獲得我們所要的一切。他相信我們的專案很有價值，雖然他沒有直接處理這項交易，但他相信還有其他感興趣的買家，他認為我們可以堅持爭取更好的出價。事實證明，他是對

Hwaiting！來吧！

的。」更重要的是，韓國人同意承擔賠償希爾頓和工會員工的費用。對這家新加坡公司來說，這幾乎是一個大滿貫。一位資深的城市發展幕僚近乎難以置信地說：「所有這些都發生在2021年，當時新冠還是大流行病。」城市發展的獨立董事、資深酒店經營者丹尼爾・德巴耶說，這樣的盈利能力在業內實屬罕見。他說：「這個人是個天才。你給他1美元，他會像魔術師般變出3美元。」

楊為彬表示，首爾千禧希爾頓酒店20多年的發展歷程充分體現了郭令明對商業環境的深刻理解。她說：「他很樂觀，與他共事讓我學到了很多。我不知道要怎樣才能像他一樣樂觀。我能這麼樂觀，是因為我知道結果不壞。一路走來，我們在經營上遇到重重困難，但這些對他從來都不重要。他就是有能力堅持下去，並專注於大局。我不知道他是怎麼感覺到還有其他機會在等著我們的！」郭令明說，他一直相信首爾酒店是值錢的，應該在時機和價格合適的時候出售。正因為做生意充滿未知，所以即使像協信遠創這樣的重大損失，不斷去抱怨也是沒有意義的，反而還會適得其反。更好的做法是集中精力繼續前進，恢復元氣。用他的話來說，就是腦袋要用來解決問題。他的兒子郭益慧強調，父親很厲害很有本事，可以只專注於關鍵問題，完全無視其他不必要的干擾。他說：「父親認為，這個世界的運行原則是：任何行動背後都有一個主要的原因，和一個與之相關的關鍵問題。決定是否要做某件事情，不是權衡所有原因和問題，而是只關注那個主要原因和關鍵問題。他把推論範圍縮小到一個可以解釋一切的主

要原因。」

這就簡化了一切。這是許多人在生活和工作上都很難做到的。在資訊超載、溝通管道眾多的時代，這尤其具有挑戰。郭令明說：「這正是為什麼我們能在韓國成功賺取超過10億新元。」就像老歌手的巡迴演唱會，他再次唱響最暢銷專輯中歌迷最愛的曲目——盈利、價值和股東派息。關於他已「完蛋了」的傳言不攻自破。是的，你們這群沒有信心的人。他還未完結，仍然在巔峰並掌控一切，還跳起了K-POP，讓所有人都大吃一驚。

他的同行對此印象深刻。當提及首爾希爾頓專案時，遠東機構首席執行長黃志達發出「喔」的驚歎聲。他說：「這是一筆非常划算的交易，收穫很大。喔，比起他買下它的價錢，這是一筆巨大的收益。所以你看，在那個時候的新加坡，人們會把目光投向香港，也許還有中國，而韓國和日本都是非常陌生的地方。我們會因為語言障礙和不同的法律法規而猶疑，但是他很大膽，而且取得成績。我想那是因為他當時相信，雖然經商框架可能有所不同，但這些地方仍然值得開展業務。」

希爾頓酒店前首席執行長大衛·米歇爾斯說，郭令明不僅是酒店業一位受尊崇的人物，還是一位逆向思維的宣導者。他說：令明是獨一無二的。他已經在這個行業超過50年，很少有人能在這一行待這麼久。品牌的壽命比個人的壽命長，可以延續很長的時間。酒店品牌會繼續存在，但多數業主會破產。酒店這個行業，你必須通過買賣酒店來賺錢，而不只是依靠日常運營來賺

第十九章　Hwaiting！來吧！

錢，但他卻能在不經常脫售酒店的情況下茁壯成長。」

此外，郭令明酒店的高層管理人員會不時更換，這在業內是出名的，形成了「旋轉門」文化。但令人驚訝的是，儘管如此，這家企業依然能夠成功。他最喜歡說的一句話是：「如果我要的是忠誠，我會養條狗。」

他的外甥羅永光解釋道，「這是他的調侃語，用來回應那些搪塞業績不佳的藉口。」米歇爾斯補充說：「他所做的一切跟酒店業的所有邏輯完全不符合：你應該出售酒店、你應該僱用優秀的員工、你應該讓員工長期對你忠誠——令明所做的與他應該做的恰恰相反，但他不僅沒有倒下，而且還很成功。不知怎的，他能成功平衡一切，並成為世界上最大的酒店集團。我親眼目睹但我無法解釋。我不會輕易羨慕人，但如果說有一個人讓我嫉妒，那就是他，因為我不知道他是怎麼做到的。太了不起了。」

首爾的交易不僅吸引酒店界的目光，也為城市發展和郭氏家族兩年來的陰霾畫上了圓滿的句號。2021年12月，新加坡《商業時報》在頭版以「擺脫困境後，城市發展樂觀積極迎接2022年」為題刊登了一篇報導。報導說：「投資者可以放心的是，城市發展在蓬勃發展的新加坡住宅房地產市場有陣容強大的開發專案。此外，該集團也能以比帳面價值可觀的溢價剝離資產，成功回收資本。」

八個月後，也就是2022年8月，城市發展證明這篇報導的預期是正確的，集團上半年淨利達到創紀錄的11億新元，扭轉2020

年同期淨虧損3210萬新元的局面。這是城市發展自1963年成立以來實現的最高淨利，主要歸功於出售首爾千禧希爾頓酒店的收益。隨著邊境管控措施放寬，時隔兩年後旅遊人數回升進一步鞏固這一好消息。在歐洲和美國市場的帶動下，集團每間可出租客房收入增長110.4%。郭益升說：「所有事情都在同個時候發生。時機非常好。好得不能再好了。」

　　伴隨這一消息，報章刊登了一張郭令明與首席執行長郭益智、首席營運長郭益升和集團總經理謝仰豐的合影。家族女主人郭佩玲完全明白當中的意義。她的丈夫、她的家庭和他們的公司絕地反彈了。她給謝仰豐發了一條短信說：「太好了，我們成功了！『郭令明公司』又回來了。」

第二十章

傳承

「從理論上來說，別人很難做得跟他一樣好。」

——2012年，《商業時報》記者卡爾帕娜（Kalpana Rashiwala）談郭令明

在卡羅琳豪華別墅（Caroline's Mansion）宴會廳裡，奢華的裝飾彰顯了財富、地位和尊貴。從鑲邊天花板到石膏冠飾，讓人聯想到19世紀紐約華麗風格的魅力，這與熙來攘往的烏節路似乎不怎麼搭調。這個毗連新加坡瑞吉酒店（The St.Regis Singapore）的豪華宴會廳，是為了向瑞吉酒店創始人艾斯特家族（Astor）致敬而設的，該家族是美國最早的富豪之一。經過大約兩年全球新冠疫情的肆虐，導致種種社交限制之後，這裡非常適合作為郭令明家族再次聚會的地點。

2022年1月，在嚴格遵守「保持社交距離」的氛圍下，郭令明的家人和城市發展及豐隆旗下公司的高級管理層，舉辦了一場企業活動，並為郭令明這位家族元老送上81歲的生日驚喜。雖然大家都戴著口罩，賓客也無法在餐桌之間走動或交流，但大家的

第二十章 傳承

喜悅之情不言而喻。這個家族和企業，終於擺脫了兩年的煩惱和痛苦。新冠大流行導致郭令明2021年80歲生日會泡湯，但對這位超級準時的耄耋長者來說，遲一年還是可以接受的。不出所料，他提前15分鐘抵達自己的生日派對。

與家人在台上一起切蛋糕後，郭令明摘下口罩，感謝兒子郭益智安排了這場派對。派對上還播放了一段美國前總統唐納·川普（Donald Trump）向這位曾經接管廣場酒店的新加坡人致敬的搞笑深偽視頻。郭令明難得感性地說：「我不善言辭，但我真的非常愛你們。你們激勵著我不斷進步，讓我把事業傳給下一代，並在我退休後繼續指導他們。」隨後他又不經意地補充說：「也許再過10年左右吧。」語畢，全場哄堂大笑。

不過，他所提起的核心問題是很嚴肅的，不應掉以輕心。有關豐隆將由誰來接手的話題已經公開討論了很長時間，但郭令明和家族成員並沒有透露太多資訊。由於城市發展是一家上市公司，公眾、媒體和股東對它頗感興趣，甚至要求它明確指明下一任執行主席的人選。2012年，《商業時報》發表了一篇評論文章，標題為「城市發展是時候明確繼任計劃了」。在這篇評論中，《商業時報》的房地產記者卡帕娜（Kalpana Rashiwala）敦促道：「郭先生今年71歲，絕對可以繼續掌舵好幾年，但如果城市發展能公布誰是他們指定的繼任者，那將是一件好事，因為投資者希望知道並確定誰會是這個集團的領導人。」

10年後爆發了新冠疫情，郭令明步入耄耋之年。協信遠創事

件導致家族分裂，讓繼承問題變得更加緊迫。答案當然就在豐隆集團和郭氏家族裡面，豐隆集團是城市發展的最大股東，擁有48.55%股權，誰控制豐隆集團，誰就是城市發展的實際領導人。正如卡帕娜在2012年觀察的，「郭先生的繼任者將是家族成員，這是一個合理的推測。」畢竟，回顧過去就可推測未來。傳統上，豐隆一直由家族內部控制著，且做得有聲有色。

豐隆創始人郭芳楓希望豐隆能以家族企業的形式維持下去。從創業初期，他就將目光投向大兒子郭令明，希望他能成為自己的接班人。郭令明的姐姐郭玉鶯說：「我們確實希望令明能夠接班。我父親從小就栽培他。」郭令明1963年加入父親所創立的豐隆，年輕時就逐步接觸豐隆各個領域的業務，從建材到金融，從酒店到房地產。父親一點一滴地讓兒子接替自己的領導角色。第一次是在1984年，郭令明接替父親擔任豐隆金融主席。郭芳楓當時表示，是時候「讓新舊領導層交接平穩過渡了。」

1990年，郭芳楓被控未盡職盡責，遭罰款5000新元及禁止擔任董事職務，促成郭令明接替父親擔任城市發展及其他公司的主席職務。四年後的1994年，郭芳楓去世時，他所指定的繼任者已經在公司任職超過30年，領導集團業務長達10年之久。郭令明不僅熟悉業務的各個環節，市場也認同他是一位久經考驗的領導者。

儘管新加坡媒體傳言，有郭氏家族成員要挑戰郭令明成為新掌舵人，但後來都證明是空穴來風。在郭芳楓去世後第二

第二十章 傳承

天,《商業時報》報導他們堂兄弟之間召開會議,討論要由誰來掌管公司。郭氏家族堅決否認有這樣的事。在接受本書採訪時,郭令明說,1994年並沒有發生過任何爭執。他說:「沒有,我的堂弟們沒有做出任何挑戰,他們沒有反對。」在新加坡舉足輕重的退休政治人物曾公開讚揚郭氏家族的繼承規劃。擔任過豐隆集團顧問的前副總理吳慶瑞說,郭氏家族的第二代將業務經營得非常好。另一位先驅政治領袖、豐隆集團董事王邦文也表示,新加坡和馬來西亞的兩個集團合作關係融洽。

企業觀察家對接班人的評價也是讚不絕口。山一證券銀行(Yamaichi Merchant Bank)的分析師Alan Cheong曾經在《海峽時報》評論:「雖然所有大型商業行動都要徵詢大家長的意見,但郭芳楓將大部分決策權交給大兒子令明和他的專業管理團隊。」一位不願具名的外國經紀公司的分析師告訴《海峽時報》,豐隆的接班不會有問題,「他已經為後代打好了基礎,他的兒子郭令明和郭令裕都有自己的業務範圍,他們比父親更加親力親為。」市場對郭令明這位新舵手的信心反映在股價上,豐隆集團旗下公司的股價大多上揚。

從1990年代到千禧年,豐隆集團業績出色,肯定了人們樂觀預期「後郭芳楓時代」的來臨。郭令明領導他的家族企業在全球範圍內經營知名酒店,而不僅局限於新加坡。郭令明在很早期時候就明顯遵循父親制定的傳承計劃,讓家庭成員加入,並讓下一代儘早做好接班準備,把企業留在家族手中。然而,他在2015年

遭遇一大挫折，弟弟郭令裕因心臟病去世，他失去了一位經驗豐富的副手。新加坡前高級公務員楊烈國說：「這對令明來說很艱難，因為他得一個人撐起來。當時兒子郭益智還很年輕。」他的大兒子郭益智2000年從波士頓大學畢業並在新加坡服完兵役後，郭令明希望他能立即加入家族生意，但郭益智卻有不同的想法，他更希望在其他地方獲取工作經驗。郭益智說：「父親並不高興，他認為我可以在家族經營的環境下學到更多東西，獲得更多機會，但幸好他沒有阻止我。我向他保證，總有一天我會回來的。」郭益智在紐約創投公司和投資銀行工作了兩年。在2001年即發生震驚全球的九一一襲擊悲劇，令城市發展的酒店業務受到嚴重打擊，郭令明藉此機會說服兒子加入公司。他讓美國千禧國敦酒店的高層聯繫郭益智。郭益智回憶說：「他讓我考慮在這個關鍵時刻，加入美國的千禧國敦酒店幫忙。就在那時，我感受到大家庭的召喚。」2002年，他以管理培訓生的身份開始在紐約千禧國敦工作，加入三位表兄姐的行列——楊為彬、楊為榮、羅永光。郭令裕的兒子郭益升後來也加入郭氏第三代團隊。郭益智的弟弟郭益慧並沒有加入這一行。郭氏傳承故事於是邁入第二階段。

接下來的20多年裡，郭令明安排郭益智在家族業務中輪換職務，包括在2010年成立城市發展（中國），進軍這個全球最大的市場。這就跟他在上世紀六、七十年代所經歷一樣。2016年，郭益智升任城市發展副首席執行長，輔助當時的首席執行長凱

第二十章 傳承

利（Grant Kelley）。兩年後，郭益智接任首席執行長，並在2019年千禧國敦酒店私有化過程中發揮了重要作用，讓集團對資產擁有完全的控制權兼靈活性。隨後，集團出售首爾千禧希爾頓酒店，並通過集體出售方式脫售東陵購物中心（Tanglin Shopping Centre）。從倫敦證券交易所退市是郭令明一直以來的願望。在許多人看來，郭益智有望接替父親，但郭益智從未把這當做必然的。他說：「父親從來沒跟我說過，我會成為他的接班人，幾十年來，當媒體問起時，他也選擇不回應。因此，我從不認為這是理所當然或可以這樣假定。」

在本書的採訪中，當被直接問及誰是繼任者時，郭令明首次這麼說：「我提名益智。」他補充說：「雖然他懂得很多，但仍有改進的空間。就像鑽石一樣，需要打磨。協信遠創事件對他有點打擊，所以他需要一些時間，我願意給他時間。」當然，正如他所說的，接班人的人選並不是他個人能決定的事。雖然他可以提名心屬的候選人，但這充其量只是一個提名，豐隆集團下一任領導人，必須得到郭氏家族其他分支一致同意和支援。

因此，家族內部關係的背景就十分重要了。郭芳楓在1963年決定進軍馬來西亞，並指派兒子郭令明和侄子郭令燦前去。兩年後，新加坡與馬來西亞分家，當時的決定是讓郭令燦入籍馬來西亞，負責長提彼岸的業務，郭令明則回到新加坡。郭芳楓在他的自傳中寫道：「我讓包括侄子在內的第二代家庭成員擔任各種行政職務。」他的想法是由第一代郭氏兄弟的四個分支，創建一個

統一的商業帝國。

然而，四個家庭之間的關係很早就開始破裂，主要裂痕出現在郭芳楓和郭令燦之間。根據新加坡先前的媒體報導，這是因為郭令燦希望得到更多馬來西亞業務的控制權。1973年，豐隆在馬來西亞的業務成為一個完全獨立的實體，由郭令燦控制，不過兩家豐隆公司仍然通過複雜的交叉持股關係聯繫在一起，當然還有血緣關係媒體稱，1970年代末，郭令燦收購第一資本公司（First Capital Corp）進軍新加坡，雙方的關係變得更加尷尬。1993年，一位不具名的高級銀行家告訴《海峽時報》：「這被他的家族成員視為敵對行為，因為他侵犯了他們的領地。」1997年，郭令明在接受《海峽時報》採訪時說，他和堂弟之間沒有競爭關係。他說：「令燦與我父親意見不合，但我保持中立。這不是私人恩怨。」

他在接受本書採訪時維持原有立場，表示對郭令燦和國浩房地產（GuocoLand）進軍新加坡沒有任何意見。他說：「我並不反對我在馬來西亞的堂弟來新加坡。在馬來西亞做生意不容易，所以他過來新加坡。他建了國浩大廈（Guoco Tower）。現在，他在世界各地的投資都成倍增加，已成為新加坡重要的投資者和房地產開發商。如果不是他，也會是別人，沒有差別。我的信念是，有個可以和平共處的家庭成員加入競爭，比有個對手跟你競爭好得多。我們坦誠共處，沒有任何爭執，互相尊重。」

多年來，郭氏支族之間的關係大體上保持融洽和平，零星的

第二十章 傳承

分歧和糾紛大多閉門私下解決。2020年協信遠創事件和郭令柏辭去城市發展董事會職務，是這個家族的分歧首次公諸於世。郭令明說：「至今我們仍然並存著。他的公司需要我簽字，我就簽。我們公司需要他簽名，他也會簽。所以你知道，我們可以共存。」他說，雖然在成長過程中，他與堂弟郭令燦和郭令才的關係親密，但開始工作以後就疏離了。

只要郭令明的身體健康，目前並不急需關注繼承的問題。與2020年《商業時報》在報導中的猜測相反，他仍然守著崗位，堂弟們並沒有因協信遠創投資失利而撤換他。他也曾多次表明並不想退休。這與他曾想和日本明仁天皇做生意不同，郭令明並不準備退位。他在2011年的一次公司業績發布會上說：「我熱愛工作，並希望儘可能長時間地工作下去。如果不行，我也可以憑藉多年的經驗當一名顧問，只要我的腦袋還保持清醒。」正如他在2022年81歲生日會上所說的，他相信他還能做個10年——儘管當時他是在半開玩笑。

當然，隨著他步入耄耋之年，他的腳步有所放緩。他身邊的人注意到，在受到新冠大流行限制的兩年裡，他整個人似乎放輕鬆了。他不再疾步行走，而是很慎重地踏出每一步，避免跌倒和受傷。他幾乎每天清晨都會散步和練氣功，地點通常在新加坡河畔、植物園或羅拔申碼頭。在大流行病期間，他甚至恢復打網球，如今每周與教練切磋三次。

他很久之前就減少了去美國的次數，因為越來越難以從時差

調適過來。但他仍然定期飛往倫敦，每次行程長達一個月，這樣才能慢慢享受他最喜愛的城市。2022年底，他駕著鍾愛的奧斯頓·馬丁（Aston Martin）DB9 Volante穿過倫敦街頭，讓在英國首都的員工大吃一驚。當員工質疑時，他反駁道：「為什麼不呢？」他還測試了一輛特斯拉（Tesla），並因為這輛車會發出類似放屁的響亮排氣噪音而覺得很有趣。

他一向注意飲食，但卻每天都外出用餐，因為他家的幫傭「不會做飯」，而他通常會選擇日本料理。儘管他減少糖和鹽的攝取量，但他並沒有減少工作壓力。用他的話說，有壓力是好的，因為工作是他的生命和激情所在。2023年的農曆新年他到台灣，堅持每天到不同酒店視察，始終將業務置於首位。

他強調說，當他終於卸任時，繼任者的人選必須基於他的能力和資歷，而不僅僅是血緣關係。雖然郭益智是他的首選，但他指出：「對我來說，最首要的是讓公司繼續發展壯大。因此，這個人要有進取心，善於解決問題，並具遠見卓識，否則將無法成長。你不能說，因為他是我兒子，即使他無法勝任，也要提拔他。這不是我的方針。如果他不行我還把他放在到那個位置，那整個公司都會偏離正軌。」如果在家族裡無法找到合適的接班人選，或無法就接班人選達成共識，他不反對引進專業人士來管理公司，讓家族成員退居幕後，當股東就好。他在2011年說：「如果我的家庭成員或兒子無法勝任，我個人並不反對讓外人管理公司。」他在接受本書採訪時補充，他認為大多數家族企業最終都

第二十章 傳承

要走出家族管理。他說:「在我看來,我認為很多家族企業最終都要走上這條路。」在很多方面,這種情況已經在豐隆集團發生了,像千禧國敦、豐隆亞洲和豐隆金融等,幾十年來都是家族以外的人在管理。

無論誰接替他的位置,繼任者都將面臨嚴峻的挑戰。郭令明是新加坡最傑出的成功商人之一,他把一個家族企業發展為一家足跡遍布五大洲的全球財團。他堅持不懈,始終專注於取得好成績。從20世紀到千禧年,世局風雲變幻,令許多企業舉步艱難,而他卻從容不迫地度過了多場危機。楊烈國說:「他為繼任者樹立了非常高的標準。」

在一個充滿未知的全球化世界,郭令明堅守他從父親那裡學到的關鍵基本原則。在本書的最後一次採訪快結束時,他倒背如流地說:「土地是黃金,不要過度借貸,熟悉你所做的,對合作夥伴要有誠信,以解決問題為導向。」當然,還要準時,或最好是早到。

他遇過挫折,從錯失投資濱海灣金沙的機會,到協信遠創事件,甚至不幸地看著他在紐約的千禧希爾頓酒店遭受重大損失。但正如希爾頓集團前首席執行長大衛‧米歇爾斯所說:「他的成功是毋庸置疑的。像每個人一樣,他也會犯錯,因為做生意不可能不犯錯。」這是《商業時報》在2012年對他的評價:「郭先生的業績紀錄顯示,他的成功遠多於失誤。在新加坡房地產開發商當中,他是收入最高的首席執行長之一,但同時也是最勤奮的掌

門人之一。他是一名精明的業者，不僅擁有60多年的房地產經驗，還是酒店業和金融業的老手（他是豐隆金融的掌舵人），同時也不要忘了他在貿易和製造業方面的經驗。」不可否認的是，他的初戀摯愛、最大的激情和自豪，來自他親手所創建的酒店帝國。從新加坡河畔不起眼的統一大酒店，到聞名遐邇的紐約廣場酒店，他在世界各地取得令人矚目的成就。他說：「我希望人們記住，我是讓新加坡享譽全球的酒店大亨。然後他又加上一句『一個讓你永志不忘的人』。」一向在商言商的郭令明，出人意表地流露出人性化的一面。

城市發展於2013年在新加坡聖淘沙灣W酒店舉辦50周年慶典晚宴。時任副總理的張志賢也受邀出席，圖為張志賢與郭令明以及其弟弟郭令裕（右三）一起切周年蛋糕。

郭令明與妻子郭佩玲歡慶公司成立50周年。在周年慶典致辭中，他將城市發展的成功歸功於已故的父親郭芳楓，他認為父親為公司在本地和國際上的蓬勃發展奠定了良好的基礎。

時任教育部長王瑞傑（中）於2014年向郭先生頒發首屆新加坡產業發展商公會（REDAS）終身成就獎。該獎項旨在表彰對社區和建築行業持續做出的重大貢獻的人士，陪同他們的還有時任新加坡產業發展商公會會長謝文華（右）。

郭令裕與本地著名水彩畫家王金成於2002年開辦《江南晴雨》攝影繪畫作品展，愛好藝術的郭令裕向哥哥郭令明講述作品的涵義。

郭令明會晤美國前總統小布希（上圖）和微軟創始人比爾・蓋茲（下圖）。

2015年，郭令明成為首位獲得亞太酒店投資會議（Hotel Investment Conference Asia Pacific）終身成就獎的新加坡人，該獎項旨在表彰推動亞太地區乃至全球酒店業發展的傑出人士。

2015年，郭令明從時任總統陳慶炎手中接過「新加坡建國50周年傑出華商獎」，該獎項旨在表彰與肯定建國華商勇於開拓的魄力與崇高的奉獻精神。

2016年5月,郭令明與享譽國際的法國設計師菲力浦‧斯塔克（Philippe Starck）在精心設計的新加坡M Social連鎖酒店的盛大開幕式上合影。

2017年在濱海灣金沙舉行的亞太企業家獎頒獎典禮上,郭令明又為自己增添一項終身成就獎。該獎項旨在表彰他在過去50年領導豐隆集團的傑出創業精神。
左起：次子郭益慧、郭佩玲、郭令明、長子郭益智。

郭令明在自己81歲的生日派對上致詞，表達了對工作的無限熱愛，並開玩笑說自己「還有10年的好時光」。

2022年耶誕節期間，郭令明到倫敦肯辛頓貝利酒店（Bailey's Hotel）會晤希爾頓酒店前首席執行長大衛‧米歇爾斯（Sir David Michels）爵士（右下圖），並說這是他最喜歡的英國酒店。

曾任統一酒店總經理的豐隆老臣子楊清江是郭令明的好友，也是他在倫敦求學時的室友。圖為晨運後，兩人在中峇魯小販中心（熟食中心）共用早餐。

郭令明時不時會在新加坡河畔健走晨運，背景為旗下的國敦河畔大酒店。

2023年1月27日,家族成員一起為郭令明和他的姐姐慶祝生日,坐在他右側的是姐姐郭玉鸞。

郭令明夫婦慶祝結婚紀念日,與兩個兒子以及兒媳婦合照。

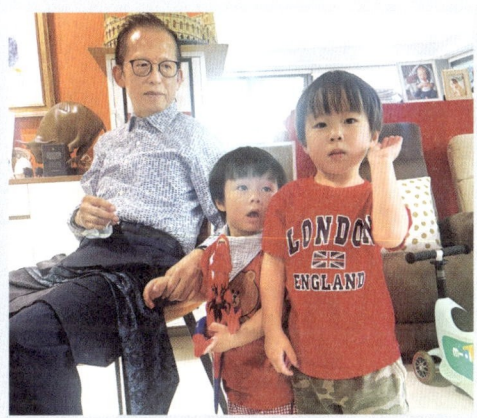

郭令明和他的至親家族成員合照，照片裡有他四個孫兒孫女。

郭令明遵循父親的接班模式，維持家族企業的經營模式，並及早將長子郭益智（左）引進家族企業，長時間在他的指導下學習、成長，為傳承與順利交接做好萬全的準備。此外，他的侄子郭益升（右）也被委任為集團首席營運長，擔任重責。

2023年，上海市市長龔正（右四）在討論該市可持續發展專案的會議上會晤了郭令明、郭益智以及城市發展的代表們。

2023年8月，郭令明與城市發展共同捐贈2400萬新元給新加坡理工大學（Singapore Institute of Technology，以下簡稱新工大）資助該大學榜鵝新校區內興建一座以他命名的大樓。在這之前，郭令明又另外捐款給新工大啟動六項新的學術計劃，包括為新工大酒店餐飲業商學院本科生提供的助學金和獎學金。

城市發展於2023年在新加坡烏節酒店舉行鑽石周年慶典，慶祝成立60周年，時任副總理兼財政部長黃循財作為受邀主賓出席慶典。下圖為裱好的書法作品《三代人心血，一甲子榮耀圖》，是一位貴賓的贈品。

新加坡艾迪遜酒店（EDITION）酒店於2023年底在新加坡烏節路的黃金地段開業，為他的酒店帝國再添瑰寶。這個酒店的一大特色是與超高端住宅開發專案鉑瑞雅居（Boulevard 88）相結合，使新加坡的豪宅市場又多了一種選項。

作者鳴謝

我首先要感謝郭令明先生和我一起完成這本書的製作。他在受訪時並非全程都很自在，偶爾也會對我過於深入或細瑣的提問感到不耐。儘管如此，他始終保持風度，而且很禮貌地迴避一些我過於尖銳的提問。他的妻子郭佩玲女士和長子郭益智先生也展現了同樣的風度，他們多次與我會面並毫無保留地分享他們對丈夫及父親的真實看法，期間也無可避免地涉及他們經歷的最具挑戰和不安的時刻。為此，我非常感謝他們的分享，讓我能夠一窺他們內心的所思所想。

為了完成此書，我進行了30多次的採訪，期間承蒙豐隆集團企業事務部的鼎立協助，尤其是集團企業事務部主管席而瓦，更是由始至終對我提出了許多的寶貴意見。我和席而瓦曾在《海峽時報》共事，熟悉的媒體人語言和文化，讓我們在良好的默契下合作愉快。他的得力助手張家瑋女士和陳曉芬女士也親切而專業地協助本書完成。

這是我與世界科學出版社合作的第五本書。我們一再合作的唯一原因是欣賞潘大揚和蔡奉坤領導的優秀團隊。感謝和江育霖、黃詩敏、劉濟琛為本書做最後潤筆，也感謝邱意紅和李慧燕在行銷方面的努力。

英文版本的封面由設計師Truong Quoc Huy操刀，呈現出時尚感。我認為這最能體現出郭令明先生的品味。這是我們合作的第四本書的封面，設計師的高水準成品不失所望，展現了他作品中一貫的優雅氣派。我也要感謝納高（Nutgraf）的同事們。劉錦

作者鳴謝

《在商言商》原文版作者白勝暉（右二）和他的納高（Nutgraf）公司同事在郭令明位於共和大廈的辦公室為本書做採訪。

華和胡紫萱和我並肩合作，採訪郭令明先生。嚴永琪為我精心篩選照片，李珮瀅則與Huy一起完善封面設計。我也要感謝李志湧為我們與郭先生在共和大廈頂樓辦公室的最後一次採訪進行拍照。說到寫作，有時是一個非常孤獨的過程，但慶幸的是，我有一個堅實可靠的團隊作為後盾。最後，我要感謝我的家人。我的父母、岳父母、姐姐和她們的家人始終給我最大的支持和真實的批評與反饋，他們為我的進步而歡呼，也提醒我腳踏實地不要自滿。

　　當然，我也不忘自我鞭策，在寫作上精益求精。還有，我的妻子謝瑞英總是與我同行走過每一步，雖然我偶爾會嫌她慢半拍，但她會說那是因為她總是走在我身後支援著我。對此，我深深地感激而別無他求。

附錄

人物专访：原载2023年11月5日新加坡《聯合早报》

财经拼盘 BUSINESS

郭令明领导的城市发展，原是一家仅有八名员工，经营极度困难的小公司，在他入股并接手后，逐步蜕变成在全球各地拥有房地产，资产额达到310亿元的大企业。但作为亚洲最富有家族企业之一的掌舵人，郭令明的商业道路并非一帆风顺：2001年他重金打造的纽约千禧希尔顿酒店，在911事件中遭到严重破坏。2004年准备推出滨海舫（The Sail@Marina Bay）项目却碰上沙斯后的楼市低潮；2021年疫情时期公司因协信远创投资失利而蒙受超过19亿元的净亏损；然而，每一次失败反而让他变得更强大，更坚定地追求自己的目标。

城市发展执行主席郭令明
一分钱"错误"造就310亿元资产

财经人物
周文龙
chewbl@sph.com.sg

2021年2月，城市发展（City Developments Limited，简称CDL）发布全年业绩，集团近50年以来首次出现全年净亏，蒙受19亿1740万元净亏损。

当时，城市发展执行主席郭令明 除了面对旗下的协信远创投资失利，家族成员之间似乎也出现不和。屋漏偏逢连夜雨，公司还遭受冠病疫情重创，酒店业务如断崖式下跌，在这三重打击下，许多市场人士都不看好城市发展前景，一些人甚至觉得"郭令明翻不了身""郭氏家族要走下坡了"。

但郭令明并没有因这些打击而倒下， 反而变得更强大，更坚定地追求自己的目标。

他接受《联合早报》专访时说："商业道路上你总会遇到许多挑战与挫折、成功与失败、这些都是商业旅程的一部分。失败并不可怕，可怕的是你不敢尝试，遇到问题不想办法去解决，只是一味逃避。"

果然，那年12月，当全球酒店业仍 在疫情中挣扎求存时，郭令明凭着高明的谈判手腕和精准的商业判断，以1.1万亿韩元（约12亿6000万新元）脱售千禧首尔希尔顿酒店（Millennium Hilton Seoul）以及毗邻地段，从中赚取5亿2620万元收益，使之成为他事业生涯中最赚钱的一笔交易。

隔年8月，他更带领城市发展转亏为盈，上半年净利报11亿

▲ 郭令明带领城市发展在今年3月以6亿3600万元收购英国伦敦圣凯瑟琳码头（St Katharine Docks）项目，使公司在英国的商业资产总值达10亿元英镑（16亿6400万新元）。（城市发展提供）

附錄

05·11·2023

纵横商场60年的城市发展执行主席郭令明说："做生意一直是我最喜欢的事。我热爱我的工作。如果你对自己的工作充满激情，你就会渴望成功，并为成功付出必需的努力。"
（特约摄影陈福洲）

2630万元，创下集团近60年来最高纪录，以强势姿态宣布：我回来了！还没准备退休

作为丰隆集团（Hong Leong Group）创办人郭芳枫的长子，郭令明难免被人们视为出身豪门，含着金汤匙成长的富二代。但许多人没有看到的是，他的永不言败的精神、谨慎盘算又大胆出手的商业魄力，以及满满的经商热情。

现年82岁的他，坚持每天清晨起床晨步或打气功。然后投身于一天忙碌的工作之中，或是到共和大厦（Republic Plaza）的办公室，或是居家办公。有时，他也到国尊河畔大酒店（Grand Copthorne Waterfront Hotel）办公。"因为那里旁边是罗拔申码头（Robertson Quay），工作闷时，我可以到河畔走走，透透气。"

做生意和赚钱的热情，或许也让郭令明对一切事物依旧保持着浓厚兴趣。他不时会看Netflix，前阵子追看《无神之境》（Godless）。访问前一晚，他带朋友到大上海（Grand Shanghai）听Live Band驻唱。喜欢跑车的他，去年驾着他心爱的Aston Martin DB9 Volante在伦敦街上穿梭。他也曾试驾特斯拉（Telsa）电动车。

他说："我什么东西都看看试试，纯粹是想了解现在的人喜欢或关注什么。毕竟，世界现在走得相当快，如果不加快自己的步伐，马上就会掉队。"

他告诉记者："我还没准备要退休。"记者与郭令明的采访是在他位于共和大厦第61层楼的办公室里进行，也是丰隆集团执行主席的他，从这里指挥着丰隆集团遍布全球的多元化业务。丰隆集团是亚洲最大和最成功的综合企业集团之一，业务涵盖拥有310亿元资产的旗舰房地产公司城市发展及全资子公司千禧国敦酒店集团（Millennium & Copthorne Hotels）、金融服务公司丰隆金融（Hong Leong Finance），以及贸易与工业公司丰隆亚洲（Hong Leong Asia）等，旗下公司遍布亚洲、欧洲和北美洲。

他的办公室朴素中不失雍容大度，向窗外眺望，繁忙商业区和远际海空一线的景色尽收眼底。房间内四壁和桌上摆放着不少相框，一些是他和政商界名人如撒切尔夫人（Margaret Thatcher）、比尔·盖茨（Bill Gates）和鲍里斯·约翰逊（Boris Johnson）等人的合照，一些则是他的家庭生活照。

虽为知名富商，郭令明其实性格低调，很少接受访问。他这次罕见接受《联合早报》专访，主要是因为今年是城市发展成立60年，他也推出个人自传"Strictly Business"，想借专访分享他60年商业生涯中的成就与挫折，以及心得体会。

采访当天，他身着蓝色的传统西服，配搭着红色领带，看上去精神奕奕。他说话条理清晰，不拐弯抹角，而且总有一些发人深思的金句。

问及他纵横商场60年，从哪里找到奋斗不息的动力，他说："做生意一直是我最喜欢的事。我热爱我的工作。而如果你对自己的工作充满激情，你就会渴望成功，并为成功付出必需的努力。你会不断思索如何提升公司业务、如何继续进步，如何比别人做得更好、做到最好。"

265

附録

财经拼盘

当投资情绪低迷　正是进场好时机

近来，郭令明尤其忙碌，运筹帷幄着城市发展在英国、韩国和日本等地的投资收购项目。例如，他在今年3月以6亿3600万元收购英国伦敦圣凯瑟琳码头（St Katharine Docks）项目，使公司在英国的商业资产总值达10亿元英镑（16亿6400万新元）。他也在布里斯班、首尔和大阪购买优质酒店，包括以1400亿韩元（约1亿4390万新元）收购韩国首尔的一家高级酒店，壮大在韩国的酒店业务。

城市发展还进军东京租赁住宅市场，以350亿日元（约3亿2190万新元）收购当地25个住宅资产，是公司在日本历来最大宗的私人租赁市场投资。

郭令明说，这些投资符合公司战略，即通过持续扩张和多元化，积极推动全球房地产投资组合增长。更重要的是，当前全球经济前景疲弱，投资情绪低迷，正好是他进场投资的好时机。

他说："我做生意的重要法则是，当市场不好，没人要买时，其实是最好的买入时机。反之，当市场情绪高涨，大家都在疯狂抢购项目时，你或许该退一步先观望，因为太容易赚钱的投资交易，往往是有问题的。"

郭令明出手谨慎却又大胆，既能不动声色暗中行动，然后打出耀眼的一击，让对手无法招架，同时又勇于迎战危机、不断向高风险投资项目挑战。像他最赚钱的交易——千禧首尔希尔顿酒店，就是他在1999年亚洲金融风暴后，以2亿1350万美元收购的"陷入困境房产"（distressed properties）。

郭令明说："面对危机时，你无须畏惧。如果你害怕，你将会裹足不前，什么事都做不好。但如果你勇于向前迈进，做事果断，只要你有经验，很多事情都能迎刃而解。"

他坦言，自己也有计算错误或面对挫折的时候：2007年的风华南岸（South Beach）因碰上金融海啸和投资商撤资而近乎触礁，花了10年时间才建成；2004年准备推出滨海舫（The Sail@Marina Bay）项目却碰上沙斯后的楼市低潮；2001年他重金打造的纽约千禧希尔顿酒店，在911事件中遭到严重破坏。

但他从不沉湎于懊悔的痛苦中，更不会畏惧失败，而是从中吸取教训与经验后，马上就将这些事置之脑后，继续寻找下一个投资计划。

▲ 郭令明对一切事物依旧保持着浓厚兴趣，经常会了解现代人喜欢或关注什么。图为他和法国设计鬼才菲利普史塔克（Philippe Starck）于2016年在M Social酒店开幕的合照。

（受访者提供）

"即便时光倒流……父亲要骂就让他骂"

事实上，城市发展这家公司就是源自郭令明的"一分钱的错误"决定。

原来，城市发展是由一群专业人士所设立，管理团队由一名特许工料测量师领导，公司手上虽有许多优质地段，却因管理团队不善经营生意，连年蒙受亏损，不得不在1969年卖股集资。

当时，郭令明听说这家公司正准备卖出一部分股票，意识到这是可遇不可求的机会，能通过入股城市发展而建立庞大土地库存。他找了父亲郭芳枫商量后，后者同意这笔投资。

由于当天城市发展股价闭市报41分，郭芳枫说："我给你多1分的缓冲空间吧，你明天至多只能以每股42分买入。"

没想到第二天城市发展股价上涨至43分，比郭芳枫批示的收购价高出1分。郭令明犹豫不决之际，股票经纪人给他下了最后通牒："你想要这批股吗？如果你现在不买，别人就会买去。"因时间紧迫，他没有时间再向父亲确认了，只能当机立断以每股高出一分的价格买了这批股票。

郭令明知道做出这个决定，必然会挨骂。"果然，父亲把我痛骂了一顿，说我为什么没听他指示，做出这样的错误决定。"

50多年回头来看，他却庆幸自己因"一分钱的错误"，让丰隆有机会入股城市发展，并在约1972年拥有城市发展的多数股权。如今，城市发展更从一家仅有八名员工的小公司，转变成为全球领先的房地产公司。

他受访时笑说："即便时光倒流，我还是会做这个决定……父亲要骂就让他骂吧，无所谓，反正我觉得这是值得的。"

若适当栽培 富可过三代

谈到父亲郭芳枫，郭令明表示，父亲管教严格。"他不会夸奖我，而我只要没有被他骂，就觉得是一种嘉奖了。"

曾经，他受不了父亲的批评轰炸，跑到槟城躲了几个星期。现在，他却觉得自己从父亲身上学到很多东西，为他奠下根基，让他有今天的成就。

郭芳枫在1994年过世，郭令明成为郭氏家族第二代掌门人，把父亲的企业精神延续下去。如今，他也已开始传承计划。他儿子郭益智现为城市发展首席执行长，推动着城市发展的增长、提升和转型战略。

对于儿子表现，郭令明少有地给予嘉奖肯定。"他表现相当不错，拥有多年业务经验，公司在他的领导下也取得了长足进展。像他扩大公司资产组合，除了开拓更多地域，还拓展新的资产类别如长租公寓、学生宿舍、客工宿舍和商业园等。"

俗语说富不过三代，郭令明却认为，只要通过适当的继任安排和栽培过程，一代人能顺利把财富和家族精神顺利交接给下一代人，富可过三代。

他说，城市发展就是三代人开拓企业的典范。今年是城市发展成立60周年，三代人心血，一甲子荣耀，他对郭氏三代人为公司打下的坚实基础充满信心，相信城市发展会继续壮大，长青长虹。

> 50多年回头来看，郭令明庆幸自己因"一分钱的错误"，让丰隆有机会入股城市发展，并在约1972年拥有城市发展的多数股权。

郭令明说，从父亲身上学到很多东西，为他奠下根基，让他有今天的成就。图左起：郭令明、他的大儿子郭益智、继母黄秀贞、小儿子郭益慧、父亲郭芳枫、妻子郭佩玲。

（受访者提供）

BIG 453
在商言商／郭令明
新加坡地產酒店大亨的經商秘訣

作者	白勝暉
譯者	郭書真
照片來源	新加坡《海峽時報》、《聯合早報》、《商業時報》
主編	謝翠鈺
企劃	鄭家謙
美術編輯	SHRTING WU、趙小芳
董事長	趙政岷
出版者	時報文化出版企業股份有限公司
	108019 台北市和平西路三段二四○號七樓
	發行專線｜(○二)二三○六六八四二
	讀者服務專線｜○八○○二三一七○五｜(○二)二三○四七一○三
	讀者服務傳真｜(○二)二三○四六八五八
	郵撥｜一九三四四七二四時報文化出版公司
	信箱｜一○八九九 台北華江橋郵局第九九信箱
時報悅讀網	http://www.readingtimes.com.tw
法律顧問	理律法律事務所｜陳長文律師、李念祖律師
印刷	勁達印刷有限公司
初版一刷	二○二五年三月十四日
定價	新台幣五○○元

（缺頁或破損的書，請寄回更換）

時報文化出版公司成立於一九七五年，
並於一九九九年股票上櫃公開發行，於二○○八年脫離中時集團非屬旺中，
以「尊重智慧與創意的文化事業」為信念。

在商言商/郭令明：新加坡地產酒店大亨的經商秘訣/白勝暉作；
郭書真譯. -- 一版. -- 臺北市：時報文化出版企業股份有限公司,
2025.03
　面；　公分. -- (Big；453)
ISBN 978-626-419-247-7(精裝)

1.CST: 郭令明 2.CST: 傳記 3.CST: 企業經營 4.CST: 新加坡

783.878　　　　　　　　　　　　　　　114000955

Originally published and distributed in the English language in 2023 by World Scientific Publishing
Co. Pte Ltd（世界科學出版社）and The Nutgraf Holdings Pte Ltd（納高），Singapore.
Originally published and distributed in simplified Chinese language in 2024
by Focus Publishing, Singapore 焦點出版（新報業媒體全資子公司）
Copyright@Kwek Leng Beng 郭令明版權所有
Author: Peh Shing Huei 作者：白勝暉
Translator: Suzane Quek 譯者：郭書真
Complex Chinese edition copyright @ 2025 by China Times Publishing Company
All rights reserved.

ISBN 978-626-419-247-7
Printed in Taiwan